JN440993

전문가를 위한

스페인어 문법

50개의 항목으로 설명하는 문법

이 저서는 2018년 대한민국교육부와 한국연구재단의 지원을 받아
수행된 연구임(NRF-2018S1A5A2A03029020).

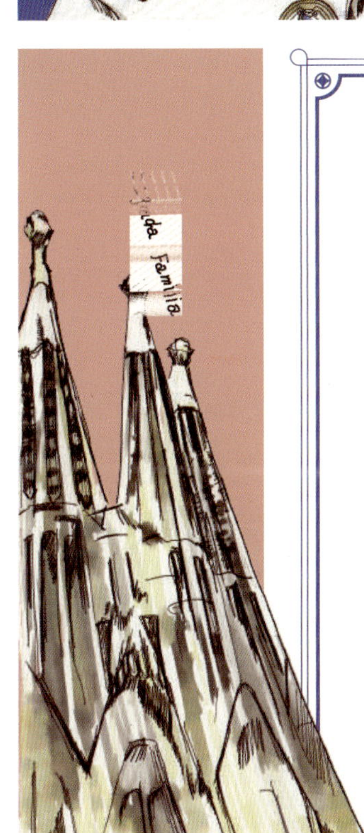

TEMAS DE GRAMÁTICA
PARA LOS PROFESIONALES
DE LA LENGUA ESPAÑOLA

전문가를 위한

스페인어 문법

50개의 항목으로 설명하는 문법

김준한·유은정

HU:iNE

머리말

본 교재는 스페인어 교육현장에서 쉽게 접할 수 없었던 문법 지식을 일목요연하고 이해하기 쉽게 설명하려는 목적에서 만들어졌으며 전문적인 스페인어 지식을 필요로 하는 독자를 위한 책이다. 현재 국내 스페인어 문법서에서 스페인어의 형태·통사적 현상들에 대한 의구심이 명료하게 설명되지 못한 부분들을 다루고 있다는 점이 본 교재의 특징이다. 기존의 스페인어 교육과 학습에서 설명적 타당성이 부족한 문법항목을 선정하여, 이를 이론적 분석과 설명을 바탕으로 스페인어 문법 항목으로 새롭게 개발한 이론 문법서이다. 따라서 스페인어를 교육하는 교수자들뿐만 아니라 향후 스페인어를 학문적으로 접근하고자하는 스페인어 학습자들이 이 책을 통해 도움을 받을 수 있을 것으로 기대한다.

일반적인 스페인어 문법 교재들에서는 학문적 지식을 요하는 문법적 지식은 많이 제외되어 있으며 이를 다루지 않거나 단지 예외적 현상으로 한편으로 미루어 놓은 경우가 많았다. 이 때문에 실제 교육 현장에서는 언어학을 전공하는 사람이 아니라면 특정 언어 현상들을 깊이 있게 찾아보고 연구하는 일이 무척 어렵다. 사실상 많은 문법 사항들은 학교 문법만으로는 설명되지 않는 언어적 바탕과 설명적 타당성이 뒷받침되어야 한다. 이에 본 교재는 스페인어 문법 항목들 중 구체적인 설명이 이루어지지 않아 궁금했던 사항들, 기존의 문법서들이 자세하게 다루지 않아 현상으로만 이해하고 있거나 혹은 많은 사람들이 간과하고 있는 문법 항목들을 엄선하고 이를 쉽게 설명하여 왜 그런 언어 현상이 나타나는지에 대한 일관된 설명을 담고자 하였다. 또한 기존의 문법서에서 다루고 있는 주제라 하더라도 이에 대해 어떠한 이론적 바탕 없이 그 현상만을 기술하고 있는 항목에 대해서도 통사적 설명으로 연결하여 그 내부의 심층 구조까지 이해할 수 있도록 구성하였다. 따라서 스페인어를 공부하는 학습자들뿐만 아니라 교수자와 같은 전문가들이 참고할 수 있는 이론 문법서로서 본 교재를 활용할 수 있을 것이다.

총 50개의 문법 항목을 선정하여 각각의 문법 항목에 대해 예문과 함께 소개하고, 각 현상에 대한 설명은 기존의 전통문법과 최근의 의미-통사적 이론을 모두 아우르는 가장 설명력 있는 논의를 바탕으로 기술하였다. 누구나 이해하기 쉬운 용어로 설명하고자 하였고, 언어 현상을 설명하기 위해 다양한 이론이 존재하지만 문법에 대한 잘못된 견해나 결론을 도출할 수 있다는 문제점을 십분 고려하여 스페인어 전통문법서인 <Esbozo de una nueva gramática de la lengua española (1973)>, <Nueva Gramática de la Lengua Española(2009)>, 기술문법서인 <Gramática Descriptiva de la Lengua Española(1999)> 등을 바탕으로 설명하였다.

교재는 다음과 같이 구성되어 있다.

1) 선정된 총 50개의 문법 항목은 Ítem으로 소개한다. 각 문법 항목의 핵심적인 주제를 독자들이 쉽게 파악할 수 있도록 Ítem의 제목으로 제시하였다. 그리고 각 Ítem의 핵심 내용을 핵심 CHECK 으로 간략하게 소개하고, 이를 스페인어

대화나 예문으로 제시하여 이해를 돕고자 하였다.

비록 본 교재가 전문적인 스페인어 지식을 필요로 하는 독자를 대상으로 하지만 각자의 관심과 노력에 따라 스페인어의 기본 문법을 알고 있는 누구든지 이해하고 지식의 폭을 넓힐 수 있도록 구성하였다. 이를 위해 교재의 모든 스페인어 문장은 한국어로 해석을 달아 놓았다.

2) 다음은 본격적으로 Ítem에 대해 문법적 설명을 제시하였다. 이 부분은 전통문법, 기술문법, 생성문법 등 다양한 문법 이론을 살펴 각각의 언어 현상이 가장 효과적으로 설명될 수 있고 모든 사람들이 쉽게 이해할 수 있는 방법으로 기술하였다. 그리고 독자들 스스로 이러한 문법 설명을 적용해보고 쉽게 이해할 수 있도록 예시문을 함께 제시하였다. 예시문은 모두 스페인어 문법서나 Real Academia Española에서 제공하는 Corpus를 사용하였고, 출처를 예시문에 표기하였다. 해당 Ítem과 관련된 추가적인 설명은 Tip! 으로 제시하였다.

3) 교재의 마지막에는 Glosario(색인)를 제공하여 필요한 문법항목을 독자들이 찾아 볼 수 있도록 구성하였다.

본 교재는 독자 여러분들이 스페인어를 교수, 학습하면서 궁금했던 문법항목을 찾아 그 궁금증을 하나씩 풀어나갈 수 있는 책이다. 독자들은 그 과정 속에서 흥미로운 스페인어의 세계를 경험할 것이며 한 단계 높은 스페인어 지식을 얻을 수 있으리라 기대한다.

2020년 7월

저자일동

Contenido

전문가를 위한

스페인어 문법

50개의 항목으로 설명하는 문법

관사(artículo)를 어떻게 사용하나요?
¿Cara de niño o Cara del niño?

관사는 명사에게 구체적이고 개별적인 의미를 부여한다. 따라서 관사를 동반하지 않은 명사는 사전적 의미(significado de diccionario)에 가까운 뜻으로 사용된다.

1. A: Tu jefe es mucho más joven de lo que pensaba.
네 사장은 생각했던 것보다 훨씬 더 젊다.

B: Sí, tiene cara de niño, pero ya tiene 40 años.
응, 동안이셔. 그런데 벌써 마흔 살이셔.

2. A: ¡Mira la cara del niño en la foto! ¡Qué graciosa!
사진에 있는 아이의 얼굴 좀 봐! 정말 귀엽다!

B: Está asombrado al ver a su papá después de tanto tiempo.
오랜만에 자기 아빠를 보고 놀란거야.

<대화 1>의 cara de niño에서 niño는 어떤 관사도 동반하지 않았다. 이는 명사 niño가 사전(diccionario)이 정의하는 의미인 "아이"라는 뜻으로 사용된다는 의미이고 따라서 전체 명사구 cara de niño는 "동안(童顔)/ 순진한 얼굴"의 의미로 해석된다. 반면, <대화 2>에서 cara del niño는 "특정 아이의 얼굴"이라는 뜻을 갖는다. 정관사를 동반한 el niño는 "구체적이고 개별적 의미의 아이"로 해석되기 때문이다. 즉, cara del niño에서 el niño는 구체적이고 개별적인 의미를 갖고 있기 때문에 소유주(posesor)로서 기능하여 la cara que tiene el niño의 뜻을 가진다는 설명이다. 예를 들어 (1a)에서 보듯 소유를 나타내는 구문에서 소유주로 기능하는 명사에는 관사가 붙지만 (1b) 처럼 수식하는 역할을 하는 명사는 관사를 동반하지 않는다.

(1) a. la casa del tío/ *la casa de tío
삼촌의 집

b. el departamento de español/ *el departamento del español
스페인어과

결론적으로『명사1 + de + 명사2』구문에서 명사2가 무관사인 경우는 사전적 의미 및 정의(definición)의 뜻으로 사용되어 명사1을 수식하는 역할을 하고 명사2가 관사를 동반한 경우는 구체적이고 독립적인 의미로 사용된다.

스페인어에서 물질명사 pan, vino, agua등은 셀 수 없는 명사이기 때문에 복수로 사용될 수 없고 부정관사 및 수사를 동반할 수 없다. 그러나 silla, libro, profesor처럼 셀 수 있는 명사는 단수의 경우는 반드시 관사를 동반하고 관사 없이는 복수명사로만 사용할 수 있다.

(2) a. Esto es pan.
이것은 빵이다.

b. *Esto es libro. (cf. Esto es un/el libro)
이것은 책이다.

c. Quería leche.
우유 주세요.

d. *Quería lámpara. (cf. Quería una/la lámpara)
전등 주세요.

(GDLE: 10)

(3) a. Son periódicos.
신문들이다.

b. Compraré sillas.
의자들을 살 거예요.

그러나 단수 가산명사(nombre contable)가 관사 없이 사용되는 경우도 있는데, 이는 앞서 언급했듯이 사전적 의미로 사용되는 경우에는 가능하다.

(4) a. unos libros de bolsillo
문고판 책들

b. los trajes de calle
거리의 옷들

c. Este chicle sabe a manzana.
이 껌은 사과 맛이 난다.

(5) A: ¿Cuál es su trabajo?
당신 직업이 무엇인가요?

B: Soy profesor/abogado.
교수/변호사입니다.

(4)에서 bolsillo, calle, manzana는 모두 단수 가산명사이고 어떤 관사도 동반하지 않지만 문법적이다. 이는 사전적 의미로 사용되어 수식 또는 설명하는 역할만을 하기 때문이다. (5B)는 직업을 묻는 (5A)의 질문에 대답으로 할 수 있는 문장이다. 이 경우 유의할 점은 직업을 나타내는 가산명사 profesor와 abogado에 관사를 동반하면 매우 어색한 문장이 된다는 것이다. 그 이유는 관사가 붙으면 el profesor(특정 교수)나 un abogado(어떤 변호사)처럼 구체화되거나 개별화된 명사구가 되기 때문이다. 즉, 직업을 나타내는 명사는 그 문장의 특성 상 사전적 의미로 사용해야 하기 때문에 어떤 관사도 동반하지 않는다고 설명할 수 있다.

반대로 물질명사, 즉 불가산명사(nombre incontable)가 관사를 동반하거나 복수가 되는 경우도 있다. 이는 물질명사가 관사를 통해서 셀 수 있는 가산명사가 되었다는 것으로 이해할 수 있다. 즉 물질명사와 관련된 제품(producto) 또는 종류(clase)로 이해되는 경우 관사와 결합할 수 있다.

(6) a. Un vino de buena calidad no produce dolor de cabeza.
좋은 품질의 포도주는 두통을 일으키지 않는다.

b. Existen más de cincuenta aceites para los motores de combustión.
50여 종이 넘는 내연 엔진용 오일이 존재한다.

(GDLE: 845; NGLEM: 213)

(6a)의 un vino는 "어떤 제품 또는 종류로서의 포도주"를 의미하고 cincuenta aceites도 50여 가지 종류 또는 제품으로서의 엔진 오일(aceite de motor)을 말하고 있다.

Tip!

señor(a), profesor(a), doctor(a)처럼 호칭 및 직업을 나타내는 명사들이 문장 내에서 사용될 때는 관사를 사용하지만 이 명사들이 호격(vocativo)으로 사용될 때 관사를 사용하지 않는다.

(i) a. El profesor Kim nos enseña la gramática española.
김 교수님은 우리에게 스페인어 문법을 가르치신다.

b. ¡Oiga, profesor Kim! ¿Podría hablar con Ud. un momento?
저기요, 김 교수님! 잠깐 이야기 좀 나눌 수 있을까요?

(ib)에서 호격 profesor Kim에 관사가 붙지 않는 이유는 호격 명사가 가지고 있는 의미적 특성과 관련이 있다. 즉, 호격 명사는 항상 2인칭인 상대방을 부르는 경우 사용되기 때문에 지시성(referencialidad)이 강하고 분명하다. 따라서 관사를 통해 구체화하거나 개별화할 필요가 없기 때문에 관사를 붙이지 않는다고 설명할 수 있다.

"두 벌의 옷"을 dos ropas로 표현할 수 있나요?

명사는 셀 수 있는 가산명사와 셀 수 없는 불가산명사로 구별할 수 있으며 불가산명사인 'ropa'는 수사와 함께 사용될 수 없다.

1. A: ¿Prefiere comprar mucha ropa barata o poca y buena?
싼 옷을 많이 사는 것이 좋으세요? 좋은 옷을 몇 벌만 사는 것을 좋아하세요?

B: La necesaria para ir correctamente vestida.
적절하게 입고 다니는데 필요한 옷을 원해요.

(CREA)

학습자들이 셀 수 있는 가산명사(nombre contable)와 셀 수 없는 불가산명사(nombre incontable)를 구분할 때 가장 많이 실수하는 단어들 중의 하나는 'ropa(옷)' 이다. 명사 ropa는 "한 벌의 옷", "두 벌의 옷", "열 벌의 옷"처럼 구체적 숫자를 의미하는 수사와는 함께 사용할 수 없다. ropa는 셀 수 없는 명사, 즉 불가산명사이기 때문이다. 따라서 숫자와 함께 사용할 때는 ropa 대신 가산명사인 traje나 prenda를 사용해야 한다.[1)]

(1) a. Compré *una ropa/ una prenda en esa tienda.
그 가게에서 옷 한 벌을 샀다.

b. Esa señora me pidió hacer *dos ropas/ dos trajes para sus hijos.
그 부인은 내게 자기 아들들을 위해 두 벌의 옷을 만들어 달라고 부탁했다.

또 다른 단어로 'dinero(돈)'도 불가산명사이다. 따라서 수사와 함께 *un dinero, *dos dineros, *cien dineros 등으로 표현할 수 없다. 수사와 함께 사용하기 위해서는 셀 수 있는 명사인 moneda, billete 등을 사용해야 한다. 불가산명사를 수식할 수 있는 표현은 부정어(indefinido)인 mucho, poco,

1) 일반적으로 불가산명사는 복수형을 사용할 수 없다. 그러나 ropa나 dinero가 다음과 같이 복수형으로 사용되는 예를 찾을 수 있다.

i) a. Efrén, en su huida, no pudo esquivar las ropas tendidas y se colgó de ellas.
에프렌은 도망치다 걸린 옷을 피하지 못해 옷에 걸렸다.

b. Otra modalidad es el financiamiento con dineros del Ministerio.
또 다른 방법은 정부 부처의 돈으로 자금을 조달하는 것이다.

(NGLE: 802)

(i)의 예에서와 같이, ropas, dineros와 같은 사용은 문체적 복수(plurales estilísticos)라고 부르는 것으로, 단수형 대신 복수형을 사용함으로써 전달하는 뉘앙스를 강하게 강조하는 역할을 하기 위한 것이다. 이러한 복수형의 사용이 ropa, dinero가 가산명사가 된다는 것을 의미하는 것은 아니며, 따라서 의미도 복수의 의미를 전달하는 것이 아님에 주의하자.

bastante 등이 있으며, mucho dinero, poco dinero, bastante dinero 등으로 표현할 수 있다.

(2) a. ... todas las familias de aquí tendrán bastante dinero ...
이곳의 모든 가족들은 충분한 돈을 갖게 될 것이다...

b. Pagamos con dos billetes de 50 euros ...
우리는 오십 유로짜리 지폐 두 장으로 지불했다...

(CREA)

이와 같이 동일한 의미를 나타내지만 가산명사와 불가산명사로 구별되는 명사로 다음과 같은 예가 있다.

(3)

가산명사	불가산명사	의미
zapato	calzado	신발
mueble	mobiliario	가구
cigarrillo	tabaco	담배
película	cine	영화
carcajada	risa	웃음
res	ganado	가축

Hazte ropa una vez al año,
pero de buen paño

고유명사에도 관사(artículo)를 붙일 수 있나요?

고유명사는 인명, 국명처럼 특정하고도 유일한 의미를 가진 명사를 말한다. 따라서 관사 없이 사용된다. 그러나 고유명사가 관사와 함께 사용되는 경우도 있다. 이 경우 고유명사는 관사를 통해서 일반명사화된 것이다.

1. A: ¿Cuál es el tema de su tesis doctoral?
박사 논문 주제가 무엇인가요?

B: Estudio sobre la Corea del siglo XV.
15세기 한국에 대해 연구하고 있습니다.

2. A: Fernando se comporta muy raro estos días, ¿verdad?
페르난도가 요즘 매우 이상하게 행동해, 그렇지?

B: Sí, parece que ya no es el Fernando que conocimos.
응, 이제는 우리가 알았던 그 페르난도가 아니야.

<대화 1>에서 고유명사 Corea는 관사를 동반한다. 정관사 la가 올 수 있는 이유는 고유명사로서 유일한 대상인 Corea를 의미하는 것이 아니라 시대 별로 존재하는 다수의 Corea 중에서 특정적 의미인 "15세기의 한국(la Corea del siglo XV)"을 의미하기 때문이다. <대화 2>에서도 동일한 현상이 나타난다. 정관사를 동반한 el Fernando que conocimos는 여러 가지 모습의 Fernando를 가정하고 그 중에서 '과거에 우리가 알았던 페르난도'를 의미할 때 사용할 수 있다. 즉, 관사를 동반할 때 고유명사는 여러 가지 의미를 더 할 수 있는 일반명사로 변하기 때문에 다른 수식어를 동반할 수 있는 것이다. 정관사뿐만 아니라 지시형용사(demostrativos)를 동반한 경우도 유사한 현상이 일어난다.

(1) a. ¿Te acuerdas de aquel Pedro que te presenté hace unos años, que era escritor?
몇 년 전에 내가 너한테 소개했던, 작가였던 그 페드로 기억해?

b. Está decidido a abandonar a esa Manuela que tanto le hace sufrir.
그는 자신을 그렇게 고통스럽게 만든 그 마누엘라를 떠나기로 결심했다.

(GDLE: 121)

관사의 출현이 고유명사를 일반명사로 변화시킨다는 설명은 다음 문장들을 통해서도 확인 할 수 있다.

(2) a. No serás nunca un Picasso, por mucho que lo intentes.
네가 아무리 시도해도 결코 피카소 같은 화가가 되지는 못할 거야.

b. Ha descubierto un Chopin que no conocía. Este Chopin es el de las '*mazurkas*'.
그는 알지 못했던 쇼팽의 어떤 작품 하나를 찾아냈다. 이 쇼팽 작품은 마주르카들 중 하나이다.

(GDLE: 116, 121)

(2a)에서 un Picasso는 고유명사로서 Picasso를 의미하는 것이 아니라 "천재적 재능을 지닌 화가"를 뜻하는 말로 사용되었다. 고유명사 Picasso에 부정관사 un이 더해져 일반명사가 된 것이다. (2b)의 un Chopin은 "쇼팽의 작품(una obra de Chopin)"으로 해석된다. (2a)와 마찬가지로 고유명사 Chopin이 부정관사 un을 동반함으로서 일반명사가 된 것이다. 회화체에서 많이 사용하는 Pregunta por ti un (tal) Juan 문장에서 un (tal) Juan은 una persona que se llama Juan(후안이라는 사람)을 의미한다. 즉, 고유명사 Juan이 부정관사 un을 통해 일반명사화된 것이라 볼 수 있다.

고유명사가 관사를 동반하는 또 다른 경우가 있다. 강, 대양, 바다, 산 등을 의미하는 고유명사에 정관사 el이 붙는 현상이 그것이다. 이는 앞서 설명한 경우와는 다른 것이다. 즉, 관사를 통해 고유명사를 일반명사화한 것이 아니라 강(río), 대양(océano), 바다(mar), 산(monte), 호수(lago)를 의미하는 명사가 생략되고 그 정관사인 el이 남아 고유명사에 붙은 것처럼 보이는 경우이다.[2)]

(3) a. el (río) Amazonas, el (océano) Atlántico
아마존 강 대서양

b. el (mar) Mediterráneo, el (monte) Everest, el (lago) Titicaca
지중해 에베레스트 산 티티카카 호수

조금 다른 경우이긴 하지만 a la francesa, a la gallega, a la española처럼 정관사 la에 고유명사인 지명이나 국명의 형용사가 결합한 경우도 있다.

(4) a. Se despidió a la francesa.
작별인사 없이 떠나다.

2) los Andes(안데스 산맥), los Alpes(알프스 산맥), los Pirineos(피레네 산맥)와 같이 산맥(cordillera)을 표현할 때에는 남성 복수 정관사 los를 사용한다.

b. Le encanta el pulpo a la gallega.
그는 갈리시아 식 문어요리를 좋아한다.

(MEE: 21)

『a la + 지명/국명 형용사』구문은 "~의 방식으로"라는 뜻을 가진다. 이 경우 la는 명사 manera(방식)가 생략되고 형용사만 남겨진 경우라 볼 수 있다. (4a)의 despedirse/marcharse a la francesa는 '프랑스식으로 떠나다', 즉 "작별인사 없이 떠나다(despedirse sin decir adiós)"라는 뜻이고 el pulpo a la gallega는 "갈리시아 식 문어 요리"를 뜻한다.

한편, 남성 복수 정관사 los가 고유명사인 성(apellido)에 붙으면 "~씨 가족"을 의미한다. 주의할 점은 관사는 복수 형태이지만 고유명사 성은 단수로 나타낸다는 것이다.

(5) a. Los García llegaron tarde.
가르시아 씨 가족이 늦게 도착했다.

b. La vivienda de los Martínez soporta 17 horas de cortes de agua.
마르티네스 씨 가족의 집은 17시간의 단수를 견디고 있다.

(GEN: 142)

그러나 예외적으로 왕조(dinastía)나 오래된 유명 가문 등을 나타내는 경우는 los에 복수형 성(apellido)을 붙여 만든다.

(6) a. Soy descendientes de los Borgias.
나는 보르히아스 가문의 후손이다.

b. Con el advenimiento de los Borbones cambiaron por completo las costumbres.
보르봉 왕조의 즉위로 관습이 완전히 바뀌었다.

(GEN: 142)

Tip!

여성형 관사 『la de / una de + 명사』 구문은 "많은 수 또는 양의 명사"를 표현한다(☞ Ítem 41). 즉, 수량이 많다는 의미를 강조적으로 표현할 때 사용할 수 있다.

(i) a. No sabes la de problemas que he tenido este año.
올해 내게 얼마나 많은 문제들이 있었는지 넌 몰라.

b. Tiene una de libros que no te lo puedes ni imaginar.
그는 네가 상상할 수 없을 만큼 많은 책을 갖고 있어.

(GEN: 140; GCE: 214)

수식하는 명사의 성, 수와 관계없이 여성 관사 la/una를 사용하는 이유는 관사 뒤에 명사 cantidad(수량)이 생략된 것으로 볼 수 있기 때문이다.

명사 앞에만 사용되는 형용사도 있나요?

스페인어의 일반적인 품질형용사는 뒤에서 명사를 수식하지만, 부사적으로 해석되는 형용사는 명사의 앞에만 사용된다.

1. A: ¿Qué pasó?
   무슨 일 있었어?

   B: Que detuvieron al presunto asesino de la joven.
   그 젊은 여자를 살해한 용의자를 잡았데.

2. A: Te has vestido igual que Luis.
   너 루이스하고 똑같은 옷을 입었네.

   B: Um... no es mera coincidencia.
   음... 단순히 우연의 일치는 아니야.

스페인어의 품질형용사는 일반적으로 다음 (1)과 같이 뒤에서 명사를 수식한다.

(1) a. Hay una mesa redonda en el jardín.
정원에 둥근 탁자가 있다.

b. Tengo una casa grande.
나는 큰 집을 갖고 있다.

(1)에서 명사의 뒤에서 사용된 품질형용사 redonda(둥근), grande(큰)는 명사 mesa(탁자), casa(집)의 특성을 한정적으로 표현하는 기능을 한다. 이와 같이 명사의 뒤에서 사용되는 품질형용사들은 ser동사 구문으로 표현할 때 다음과 같이 주격보어로 나타낼 수 있다.

(2) a. La mesa es redonda.
탁자는 둥글다.

b. La casa es grande.
집은 크다.

그러나 스페인어에는 항상 명사의 앞에서 사용되어야 하는 형용사가 존재한다. 예를 들어, presunto(추정의), supuesto(가정의), mero(단순한) 등과 같은 형용사이다.

(3) a. Él es el presunto autor del robo.
그는 절도 용의자이다.

b. Pedro es el supuesto asesino.
페드로는 살해 용의자이다.

c. El libro no es un mero artefacto de entretenimiento.
책은 단순히 오락물로 사용하는 것이 아니다.

(3)에서 명사의 앞에 사용된 형용사들은 (1)의 형용사들과는 달리, 명사의 속성을 부사적 의미로 수식한다는 차이가 있다. 다시 말해, (3a)에서 presunto(추정의)는 autor del robo(절도 행위)가 나타내는 "절도 행위를 하다"라는 내용에 "추정적으로"라는 부사적 의미를 첨가하여 최종적으로 "추정적으로 절도 행위를 했다"라는 의미를 표현한다. (3b)의 경우도 형용사 supuesto(가정의)는 'el asesino(살인자)'라는 개체의 특성과는 전혀 관계가 없으며, "살인을 저지르다"라는 사건의 내용에 "가정적으로"라는 부사적 의미를 첨가한다. (3c)에서는 'un artefacto de entretenimiento(오락물)'라는 개체의 속성이 단순하다(mero)는 의미가 아니라, "오락을 위해 사용하다"라는 내용을 "단순하게"라는 부사적 의미로 수식하는 것이다.

이처럼 (3)의 형용사들은 문법적으로 뒤따르는 명사를 수식하지만 의미적으로 보면 명사가 가지고 있는 개념(concepto)을 부사적으로 수식한다고 말할 수 있다. 따라서 (4a)의 el presunto culpable는 (4b)와 같이 부사적으로 표현할 수 있다.

(4) a. Juan es el presunto culpable.
후안은 범죄 용의자이다.

b. Juan es presuntamente culpable.
후안은 추정적으로 죄가 있다.

(4a)의 el presunto culpable에서 presunto는 명사 culpable(범죄자)가 나타내는 개념을 부사적으로 수식하여 (4b)와 같이 "추정적으로 죄가 있다"라는 의미를 표현하는 것이다. 이와 같이 부사적 의미를 표현하는 형용사는 (1)의 일반적 품질형용사와는 성격이 다르다. 즉, (2)에서 보듯 일반적 품질형용사는 ser구문에서 주격보어로 사용되어 수식하는 명사의 개체적 특성을 표현할 수 있지만, 부사적 의미로 사용되는 형용사들은 (5)에서 보듯 이 같은 기능을 할 수 없다.

(5) a. *El culpable es presunto.

b. *El asesino es supuesto.

c. *El artefacto es mero.

(5)에서 presunto(추정의), supuesto(가정의), mero(단순한) 형용사들이 ser 동사 구문의 주격보어로 사용될 수 없다는 사실은 수식하는 명사의 개체적 특성을 표현하는 품질형용사와는 성격이 다르다는 것을 보여주는 것이다.

지금까지의 논의를 정리해보면, 형용사는 명사 앞에 위치하여 명사가 표현하는 개념을 수식하고, 명사 뒤에서는 그 명사의 개체적 특성을 표현한다. 이는 다음 예문들의 의미적 차이를 통해서도 쉽게 확인할 수 있다.

(6) a. Roberto es un amigo bueno.
친구인 로베르토는 좋은 사람이다.

b. Roberto es un buen amigo.
로베르토는 친구로서 훌륭하다.

(6a)에서 un amigo bueno는 'El amigo es bueno como persona'의 의미를 표현하는 것으로 "친구인 로베르토는 좋은 사람이다"라는 의미를 나타낸다. 반면에, (6b)의 un buen amigo는 'El amigo es bueno como amigo'를 표현하여 "로베르토는 친구로서 훌륭하다'는 의미를 나타낸다. 즉, 친구(amigo)가 갖는 개념, 예를 들어, '항상 곁에서 의지가 되는 사람'으로서 "친구로서 훌륭하다"로 해석된다. 이와 같은 예로 'Juan es un buen médico'라고 표현하는 경우, 의사(médico)가 갖는 개념, 즉 '병을 고치고 환자를 돌보는 일'을 잘 한다는 의미로 'Juan es bueno como médico'를 표현하여 "의사로서 훌륭하다"로 해석된다.[3]

3) 단, 형용사가 수식하는 명사가 médico, abogado 등과 같이 직업을 나타내는 명사의 경우는 형용사 bueno가 명사의 뒤에 사용될 때, 즉 'un médico

같은 맥락에서 형용사 posible, verdadero, completo, falso, simple 등의 형용사는 명사의 앞과 명사의 뒤에 모두 사용될 수 있으며, 명사의 앞에 사용되면 명사가 표현하는 개념을 부사적으로 수식하는 의미로 해석된다. 예를 들어, 다음 (7)과 같이 명사의 앞에 사용된 예를 살펴보자.

(7) a. Juan es un verdadero ganador.
후안은 진정으로 승자이다.

b. Ha sido un completo fracaso.
완벽하게 실패였다.

(7a)의 un verdadero ganador에서 verdadero는 명사 'ganador'가 나타내는 '이기다'라는 내용을 수식하는 것으로 'Juan ganó verdaderamente(후안이 진정으로 이겼다)'를 표현한다. (7b)의 un completo fracaso에서 형용사는 'fracaso'가 나타내는 '실패하다'라는 내용을 수식하는 것으로 "완벽하게 실패였다"는 의미를 표현한다.

bueno'는 "의사로서 훌륭하다"라는 의미가 포함될 수 있다.(cf. GDLE: 199)

1,99€
ACOSTÚMBRATE
A NUESTROS
BUENOS
PRECIOS

명사의 뒤에서만 사용되는 형용사도 있나요?

일반적인 품질형용사(adjetivo calificativo)가 아닌 명사에서 파생된 형용사(adjetivo derivado de sustantivo)는 수식하는 명사의 뒤에서만 사용된다.

1. A: ¿Quién es aquella señorita?
저 아가씨는 누구야?

B: Es una profesora argentina.
아르헨티나 출신 선생님이셔.

2. A: ¿Hablas guaraní?
과라니어를 할 줄 아니?

B: Sí, pero lo uso solo en el ámbito familiar.
응, 하지만 가족들끼리만 써.

스페인어의 형용사들 중 다음과 같은 예들은 명사로부터 파생된 형용사들이다.

(1)	a.Constitución - constitucional	(헌법의)
	b. Presidente - presidencial	(대통령의)
	c. gobierno - gubernamental	(정부의)
	d. España - español	(스페인의)
	e. mar - marítimo	(바다의)
	f. campo - campestre	(들판의)
	g. cultura - cultural	(문화의)
	h. vaca - vacuno	(소의)
	i. familia - familiar	(가족의)

(1)의 형용사는 주로 명사가 나타내는 범주에 소속된 의미를 표현하는 형용사이다. 또한 español, coreano, madrileño(마드리드의), seulense(서울의) 등의 지명 형용사들(gentilicio)도 지명 명사(topónimo)로부터 파생된 형용사들이다. 이러한 형용사들은 개체의 특성을 나타내는 일반적인 품질형용사와는 구별되는 특징을 갖는다.

먼저 의미적으로, 이들 형용사는 자신이 수식하는 명사와 관련하여 그 명사의 주어나 목적어로 해석되거나, 명사에 대한 부가적 설명을 하여 "~와 관련하여"의 의미를 표현한다. 먼저 다음 (2)에서 사용된 형용사 constitucional, presidencial, cultural, médico를 살펴보자.

(2) a. la reforma constitucional
헌법의 개혁

b. el viaje presidencial
대통령의 여행

c. la política cultural
문화와 관련된 정책

d. el diccionario médico
의학 사전

(GDLE: 138-140)

constitucional(헌법의), presidencial(대통령의), cultural(문화의), médico(의학의)는 겉으로는 형용사의 형태를 하고 있고, 각각 명사인 Constitución(헌법), Presidente(대통령), cultura(문화), medicina(의학)에서 파생된 형태로 볼 수 있다. 이 형용사를 명사로 표현하면 다음과 같이 나타낼 수 있다.

(3) a. La reforma de la Constitución
헌법의 개혁

b. El viaje del Presidente
대통령의 여행

c. La política relacionada con la cultura
문화와 관련된 정책

d. El diccionario relacionado con la medicina
의학과 관련된 사전

이때 (2a), (2b)에서 명사구의 의미는 형용사 constitucional, presidencial에 내포된 명사 Constitución, Presidente가 각각 명사 reforma의 목적어와 viaje의 주어로 기능하여 "헌법을 개혁하다", "대통령이 여행하다"로 해석된다. (2c)에서 형용사 cultural은 내포된 명사 'cultura와 관련하여'라는 의미를 표현하여 "문화와 관련된 정책"의 의미로 해석되고, (2d)에서 형용사 médico는 내포된 명사 'medicina와 관련하여'의 의미를 표현하여 "의학과 관련된 사전"의 의미로 해석된다. 이렇게 명사로부터 파생된 형용사는 명사의 앞에는 사용될 수 없다는 특징을 갖는다.

(4) a. *la constitucional reforma

b. *el presidencial viaje

c. *la cultural política

d. *el médico diccionario

Tip!

명사의 뒤에서만 사용되는 명사파생형용사는 (i) 일반명사로부터 파생된 형용사, (ii) 지명 명사로부터 파생된 형용사, 그리고 (iii) 사람의 이름(antropónimo)으로부터 파생된 형용사(patronímico)도 있다. 각각의 예는 다음과 같다.

(i) diente (치아) - dental (치아의)
deporte (스포츠) - deportivo (스포츠의)
municipio (시, 시청) - municipal (시의)
universidad (대학) - universitario (대학의)

(ii) Chile - chileno (칠레의)
Panamá - panameño (파나마의)
Buenos Aires - bonaerense (부에노스아이레스의)
Nueva York - neoyorquino (뉴욕의)

(iii) Benito Pérez Galdós - galdosiano (갈도스의)
Simón Bolívar - bolivariano (볼리바르의)
Juan Ramón Jiménez - juanramoniano(후안 라몬 히메네스의)
Jorge Luis Borges - borgiano (보르헤스의)[4)]

4) Benito Pérez Galdós: 스페인의 소설가
Simón Bolívar: 베네수엘라의 독립운동가
Juan Ramón Jiménez: 스페인의 시인
Jorge Luis Borges: 아르헨티나의 소설가

MERCADO MUNICIPAL
DE ABASTOS
VALLEHERMOSO

명사 뒤에 사용되는 형용사들 간에도 어순이 있어요!

명사의 뒤에 품질형용사, 명사파생형용사(adjetivo derivado de sustantivo)가 함께 사용되면 명사파생형용사가 명사에 가장 가깝게 사용되며, 두 개의 명사파생형용사가 함께 사용되는 경우에는 제한적인 의미의 분류형용사가 명사에 가장 가깝게 사용된다. 단, 수식하는 명사가 동사적 의미를 담고 있는 동사파생명사라면 이 동사의 주어나 목적어의 의미를 담는 형용사가 명사에 가장 가깝게 위치한다.

1. La crisis económica mundial sigue empeorando.
   세계 경제 위기가 계속 악화되고 있다.
2. Mucha gente protesta contra la reforma laboral gubernamental.
   많은 사람들이 정부의 노동 개혁에 대항해서 항의한다.

명사의 뒤에 두 형용사가 함께 사용되는 경우 두 형용사 사이에는 어순이 존재한다. 먼저, 명사의 뒤에 품질형용사와 명사파생형용사(☞ Ítem 5 참조)가 함께 사용되는 경우를 살펴보자. 다음 (1)에서 'aéreo(항공의)'는 명사 aire에서 파생된 형용사이고 'desgraciado'는 "불행한"을 의미하는 품질형용사이다. 이런 경우 명사를 바로 뒤따르는 것은 명사파생형용사이다.

(1) a. Un accidente aéreo desgraciado
b. *Un accidente desgraciado aéreo
불행한 항공 사고

(Fernández Lagunilla 외 1인 1995: 226)

두 번째로, 두 개의 명사파생형용사가 함께 사용되는 경우이다. 명사파생형용사는 수식하는 명사의 주어나 목적어로 해석되는 형용사와, 수식하는 명사에 대해 "~와 관련하여"와 같은 부가적인 설명의 의미를 표현하는 분류(clasificación)형용사로 구별된다. 이 두 형용사가 명사의 뒤에 함께 사용되는 경우에는, 명사 바로 뒤 위치는 "~와 관련하여"처럼 좀 더 제한적 의미를 나타내는 두 번째 유형의 형용사가 차지한다. 다음의 예에서는 두 개의 명사파생형용사 comunitaria와 española가 명사 política(정책)를 수식하고 있다. comunitario는 Comunidad(유럽연합)의 형용사형이며 español은 España의 형용사형이다.

(2) a. la política comunitaria española
유럽연합과 관련된 스페인의 정책
b. la política española comunitaria
스페인과 관련된 유럽연합의 정책

(GDLE: 170)

(2)에서 보듯 (2a)와 (2b)가 모두 가능한 표현이지만, 두 명사구의 의미가 서로 다르게 해석된다. (2a)의 경우는 명사를 바로 뒤따르는 comunitaria가 분류형용사이고 española가 주어로 기능하는 것으로 "유럽연합과 관련된 정책이며 이 정책은 스페인이 시행하는 정책"이라는 의미로 이해된다. 반면에 (2b)의 경우는 명사를 바로 뒤따르는 española가 분류형용사이고 comunitaria가 주어로 기능하는 것으로 "스페인과 관련된 정책이며 이 정책은 유럽연합이 시행하는 정책"이라는 의미로 이해된다.

세 번째로는 명사에 초점을 맞추어 명사가 동사파생명사(sustantivo deverbal)인 경우 나타나는 형용사의 어순을 살펴보자. 즉, 동사파생명사는 동사적인 의미를 담고 있기 때문에 동사의 주어나 목적어로 기능하는 요소가 명사에 더 강하게 결합되도록 어순을 정한다. 다음 (3a)에서 명사 producción은 동사 producir에서 파생된 명사이고, (3b)에서 análisis는 동사 analizar에서 파생된 명사이다.

(3) a. la producción lechera industrial
우유의 산업적 생산

b. el análisis celular microscópico
현미경을 통한 세포 분석

(GDLE: 170)

이와 같이 동사적인 의미를 담고 있는 명사의 뒤에 여러 형용사가 수식하는 경우에는 동사의 주어나 목적어로 기능하는 형용사가 명사에 가장 가깝게 위치한다. (3a)에서 명사는 "무엇을 생산한다"는 의미를 표현하기 위해 목적어로 기능하는 요소가 명사에 더 가깝게 위치해야 한다. 따라서 명사 leche(우유)에서 파생된 형용사 lechera(우유의)가 먼저 사용되어 "우유를 생산하다"는 의미를 표현한다. 명사 industria(산업)에서 파생된 형용사 industrial(산업의)은 분류형용사로 기능하며 그 다음에 위치한다. (3b)의 경우, célula(세포)에서 파생된 형용사 celular(세포의)와 microscopio(현미경)에서 파생된 형용사 microscópico(현미경의), 이 두 형용사가 명사를 수식할 때 어순을 정해야 한다. 이 경우, 명사 análisis(분석)에는 "무엇을 분석하다"의 의미를 표현할 수 있는 목적어 기능의 형용사 celular가 먼저 명사를 수식하여 "세포를 분석하다"라는 의미를 표현한다. 그러고 나서 부가적 의미로 덧붙이는 microscópico가 그 뒤에 위치하게 된다.

그렇다면 동사파생명사의 뒤에 주어로 기능하는 형용사와 목적어로 기능하는 형용사가 함께 나오는 경우는 어떤 형용사를 먼저 사용해야 할까? 답은 '목적어로 기능하는 형용사가 명사에 가장 가깝게 위치해야 한다'이다. 다음의 예를 살펴보자.

(4) a. la reforma constitucional francesa
b. *la reforma francesa constitucional
프랑스의 헌법 개혁

(GDLE: 169)

(4)에서 명사구의 핵심인 명사 reforma(개혁)은 동사 reformar에서 파생된 명사이다. 그리고 그 명사를 수식하는 형용사로 모두 명사로부터 파생된 형용사 constitucional(헌법의)과 francesa(프랑스의)가 사용되었다. 의미는 "프랑스가 헌법을 개혁하다"라는 의미를 표현해야 한다. 즉, reformar의 주어는 Francia(프랑스)이고 목적어는 la Constitución(헌법)이 된다. 따라서 명사 reforma에 가장 가깝게 나와야 하는 형용사는 목적어 기능의 형용사 constitucional이고 그 다음에 주어 기능의 형용사 francesa가 사용된다.

Tip!

의미의 변화 없이 명사의 앞과 명사의 뒤에 모두 사용될 수 있는 형용사는 maravilloso(훌륭한), estupendo(멋진), magnífico(장엄한), terrible(지독한)와 같이 주로 주관적(subjetivo)이고 평가적인(valorativo) 의미를 나타내는 형용사들이다. 반면에 명사의 객관적 특성을 나타내는 형용사는 항상 명사의 뒤에 사용한다.

(i) a. una bailarina maravillosa
b. una maravillosa bailarina
아름다운 발레리나

(ii) a. una cena estupenda
b. una estupenda cena
훌륭한 저녁식사

(Fernández Lagunilla 외 1인 1995: 224-225)

(iii) a. una bailarina rubia
b. *una rubia bailarina
금발의 발레리나

(iv) a. una comida fría estupenda
b. una estupenda comida fría
c. *una fría comida estupenda
훌륭한 차가운 음식

(Fernández Lagunilla 외 1인 1995: 225-226)

(iii)에서 사용된 형용사 rubia(금발의)는 객관적 특성을 나타내는 형용사로 명사의 뒤에서 사용되어야 한다. (iv)는 객관적 특성을 나타내는 형용사 fría(차가운)와 주관적 특성을 나타내는 형용사 estupenda(훌륭한)가 함께 사용된 구문이다. (iva)에서 보는 바와 같이, 객관적 특성의 형용사와 주관적 특성의 형용사가 함께 명사의 뒤에 사용될 때는 객관적 특성의 형용사가 명사에 가장 가깝게 위치한다. 그리고 (ivb)와 (ivc)에서 알 수 있듯이, 명사의 앞에 위치할 수 있는 형용사는 주관적 특성을 나타내는 형용사이며, 객관적 특성의 형용사는 명사의 뒤에 위치해야 한다.

EL PAÍS
www.elpais.com
EL PERIÓDICO GLOBAL
La crisis china desata el temor a un frenazo económico mundial
La Bolsa de Shanghái se hunde un 8,5% y provoca una reacción en cadena
El 'lunes negro' hace que el Ibex 35 caiga un 5%, la peor bajada en tres años
Mas alarma a Valencia y Aragón al querer incluirles en la independencia
Puig y Lambán califican de "irresponsable" al Ejecutivo de Cataluña

품질형용사는 명사의 뒤에서만 사용될 수 있나요?

일반적으로 품질형용사(adjetivo calificativo)는 명사의 뒤에 사용되지만, 이 품질 형용사가 동일한 의미로 명사의 앞에서 사용되면 특정적 대상을 표현할 수 있다.

1. A: ¿Qué haces por aquí?
   여기서 뭐해?

   B: Estoy buscando un restaurante famoso que sirva comida regional.
   이 지역 음식을 파는 유명한 식당을 찾고 있는 중이야.

2. A: ¿Dónde has comido con tu amigo?
   네 친구와 어디에서 밥을 먹었니?

   B: En un famoso restaurante que sirve mariscos.
   해산물을 파는 유명한 식당에서 먹었어.

스페인어의 일반적인 품질형용사는 명사의 뒤에 위치하여 명사의 특성을 표현한다. 일부 형용사들, 예를 들어, nuevo, antiguo, grande, pobre와 같은 형용사는 명사의 앞과 뒤에 모두 사용될 수 있으며, 명사의 앞에서는 주관적이고 추상적인 의미를 표현하고 명사의 뒤에서는 객관적이고 구체적인 특성을 표현하여 의미에 차이가 있다.

그러나 형용사의 의미 변화는 없이 명사의 앞과 명사의 뒤에서 형용사를 사용할 수 있는 다음과 같은 예가 있다.

(1) a. Busco a un doctor famoso.
b. Busco a un famoso doctor.
나는 유명한 의사를 찾고 있다.

(Bosque 2001: 27)

(1)에 사용된 형용사 famoso는 명사의 뒤나 명사의 앞에 위치해도 "유명한"이라는 본질적 의미에는 변화가 없다. 그러나 형용사의 위치에 따라 명사가 나타내는 특정성(especificidad)에 차이가 생긴다. (1a)와 같이 명사의 뒤에 형용사가 위치하는 경우는 특정적 해석과 비특정적 해석이 모두 가능하다. 즉, "(특정한) 그 유명한 의사를 찾고 있다"는 의미와 "(막연히) 유명한 의사 한 명을 찾고 있다"는 의미를 모두 나타낼 수 있다는 것이다. 그런데, (1b)와 같이 명사의 앞에 형용사가 사용되는 경우에는 항상 특정적 해석이 이루어진다. 따라서 (1b)는 막연히 유명한 의사 한 명을 찾고 있다는 의미가 아니라 "특정한 그 유명한 의사를 찾고 있다"는 의미를 표현하게 된다.

이러한 특정성의 차이 때문에 형용사가 명사의 앞에 사용되는 경우는 다음 (2)와 같이 목적격 표시자 a의 사용에도 차이가 나타난다.

(2) a. Busco un doctor famoso.

b. *Busco un famoso doctor.

나는 유명한 의사를 찾고 있다.

(Bosque 2001: 27)

스페인어에서는 직접목적어로 사람을 나타내는 경우 목적격 표시자로 a를 사용하며, 이 a는 직접목적어가 정해진 특정 사람인 경우 사용하고 비특정적인 대상인 경우는 사용하지 않는다. (2a)와 같이 명사의 뒤에 형용사가 위치하는 경우에는 비특정적 해석이 이루어질 수 있기 때문에, 목적격 표시자인 a를 사용하지 않고 직접목적어를 취할 수 있다. 즉, (2a)의 경우는 "(막연히) 유명한 의사 한 명을 찾고 있다"는 의미를 표현하는 것이다. 하지만 (2b)와 같이 명사의 앞에 형용사가 사용되면 항상 특정적 해석이 이루어지기 때문에, 목적격 표시자 a를 동반하지 않으면 비문이 되는 것이다.

형용사의 위치에 따른 의미적 특성은 제한적 해석과 비제한적 해석으로 설명되기도 한다.

(3) a. Los amigos pretenciosos de Laura llegaron tarde.

라우라의 잘난 척하는 친구들이 늦게 도착했다.

b. Los pretenciosos amigos de Laura llegaron tarde.

라우라의 잘난 척하는 친구들이 늦게 도착했다.

(Demonte 2008: 73)

(3)의 예들은 형용사가 명사의 앞과 뒤에서 사용되어도 그 의미는 모두 서술적으로 기능하여 'Los amigos son pretenciosos.'로 해석된다. 그러나 두 문장의 차이점은 (3a)는 제한적 의미로서 "라우라의 친구들 중 잘난 척하는 친구들이 늦게 도착했다"는 의미로 해석된다. 다시 말해, 라우라의 친구가 여러 명인데 그 중 일부의 친구가 잘난 척한다는 의미로 이해할 수 있다. 반

면에, 형용사가 명사의 앞에 사용된 (3b)는 비제한적 의미로서 “라우라의 친구들이 있는데 그 친구들 모두가 잘난 척한다. 그들이 늦게 도착했다”라는 의미이다. 즉, 명사 앞에서 수식하는 형용사는 이미 알고 있는 대상에 대해 설명하는 기능을 하고 있다. 따라서 (4a)와 같이 명사의 뒤에서 수식하는 형용사는 (4a')와 같이 제한적 관계절로 대체할 수 있으며, (4b)와 같이 명사의 앞에서 수식하는 형용사는 (4b')와 같이 설명적 관계절에 해당한다고 볼 수 있다.

(4) a. Los amigos pretenciosos de Laura llegaron tarde.
라우라의 잘난 척하는 친구들이 늦게 도착했다.

a'. Los amigos que eran pretenciosos de Laura llegaron tarde.
라우라의 잘난 척하는 친구들이 늦게 도착했다.

b. Los pretenciosos amigos de Laura llegaron tarde.
라우라의 잘난 척하는 친구들이 늦게 도착했다.

b'. Los amigos de Laura, que eran pretenciosos, llegaron tarde.
라우라의 친구들 모두가 잘난 척하는데 그들이 늦게 도착했다.

이와 같은 관계절 구문을 통해 알 수 있듯이, (4b)와 같이 명사의 앞에서 형용사가 수식하는 경우에는 존재하는 특정 대상에 대해 설명하는 역할을 한다.

따라서 명사구에 사용된 형용사가 명사 앞에 위치하는지 명사 뒤에 위치하는지에 따라 이 명사구를 수식하는 관계절 내에 사용되는 동사의 서법(modo)에도 제약이 있다는 점을 주의하자.

(5) a. Busco una novela famosa que {tiene/tenga} más de cincuenta personajes.
50명이 넘는 인물들이 등장하는 유명한 소설을 찾고 있다.

b. Busco una famosa novela que {tiene/*tenga} más de cincuenta personajes.
50명이 넘는 인물들이 등장하는 유명한 소설을 찾고 있다.

(Bosque 2001: 24-27)

(5a)는 명사 novela의 뒤에 형용사 famosa가 위치할 때, 그 의미는 막연히 유명한 소설이라는 비특정적인 대상을 의미할 수도 있고 특정 유명한 소설을 나타낼 수도 있다. 이때 비특정적인 의미를 표현하기 위해서는 관계절에 접속법 동사 tenga가 사용되고, 특정적인 의미를 갖는 경우 관계절에는 직설법 동사 tiene가 사용된다. 반면에, 명사 앞에 형용사가 사용된 (5b)의 una famosa novela는 항상 특정적인 대상을 나타내기 때문에 이 명사구를 수식하는 관계절에는 직설법 동사만이 사용될 수 있으며, 접속법 tenga가 사용되는 경우는 비문이 된다.

같은 맥락에서 위의 <대화 1>에서 'Estoy buscando un restaurante famoso que sirva comida regional.'의 경우는 un restaurante famoso(유명한 식당)가 비특정적인 대상으로 관계절에 접속법 동사 sirva가 사용된 것이다. 즉, 막연히 유명한 식당을 찾고 있다는 의미를 표현한다. 반면에 <대화 2>에서 'En un famoso restaurante que sirve mariscos'의 경우는 un famoso restaurante(유명한 식당)가 존재하는 특정 식당을 가리킨다. 따라서 관계절에는 직설법 동사 sirve가 사용된다.

형용사 grande는 단수 명사 앞에서 항상 gran으로 사용하나요?

형용사 grande는 단수 명사 앞에서 어미 탈락형 gran으로 사용되지만 최상급으로 사용되는 경우는 반드시 grande를 사용해야 한다.

잘 알려져 있듯이 형용사 grande는 성(género) 구별 없이 단수 명사 앞에 사용될 때 어미 탈락형(apócope) 형용사 gran을 사용한다.

(1) a. el gran hombre, la gran mujer
위대한 남자 위대한 여자

b. un gran número de gente, una gran cantidad de aceite
많은 수의 사람들 많은 양의 기름

(CREA)

그러나 grande가 단수 명사 앞에 오지만 gran으로 사용되지 않고 반드시 grande로 사용되는 경우가 있다. 다음 문장들을 살펴보자.

(2) a. La prensa de Montevideo le ha calificado como el más grande escritor del país.
몬테비데오 언론은 그를 그 나라의 가장 위대한 작가로 평가했다.

b. Esa fue la más grande lección de piano que recibí en mi vida.
그것은 내 인생에서 받아 본 가장 위대한 피아노 수업이었다.

(CREA)

(2)의 문장에서 볼 수 있듯이 grande는 최상급(superlativo)으로 사용될 때는 단수 명사 앞에서 어미 탈락형 gran이 아닌 grande를 사용한다. 이 같은 예외적 현상을 우리는 어떻게 설명할 수 있을까? 다음 (3)의 구문 분석이 이에 대한 해답을 제공해 줄 수 있을 것이다.

(3) a. el [más grande] [escritor]
가장 위대한 작가

b. la [más grande] [lección de piano]
가장 위대한 피아노 수업

(3)에서 보듯 grande는 más와 일차적으로 연결되어 있음을 알 수 있다. 즉, 최상급 구문에서 más(또는 menos)는 수식하는 형용사 grande와 먼저 결합하여 비교급 más grande를 만들고 이후 정관사와 함께 명사를 수식하여 "가장 위대한 작가/피아노 수업"이라는 최상급 구문을 만드는 것이다. 결론적으로 최상급 구문에 사용된 grande는 뒤 따르는 명사와 직접 연결된 것이 아니기 때문에 어미 탈락형 gran을 사용하지 않고 grande를 사용한다고 설명할 수 있다. 동일한 논리와 분석을 어미 탈락형 gran이 사용된 (1a)에 적용한다면 다음과 같이 나타낼 수 있다.

(4) a. el [gran hombre]
위대한 남자

b. la [gran mujer]
위대한 여자

즉, 어미 탈락형 gran은 (3)의 grande 경우와는 달리 일차적으로 명사 hombre/mujer와 연결되므로 어미가 탈락되어 gran으로 사용되어야 함을 설명할 수 있다. 한편, grande는 (2)같은 최상급 구문뿐만 아니라 cuán으로 시작하는 감탄문(oración exclamativa)에서도 단수 명사 앞에서 어미 탈락형이 사용되지 않는다. 다음 문장에서 이를 확인할 수 있다.

(5) ¡Cuán grande amor huyó en el exiguo tiempo!
부족한 시간 속에서 그토록 위대한 사랑이 도망쳐 버렸네!

(NGLE: 936)

(5)에서 grande가 gran이 되지 않는 이유는 앞서 설명한 이유와 동일하다. 즉, cuánto의 어미 탈락형 부사 cuán이 grande와 함께 [cuán grande]를 만들어 "그토록 위대한"이라는 형용사구를 형성하고 이 형용사구는 뒤 따르는 명사 amor를 수식하므로 어미 탈락형 gran은 사용될 수 없음을 알 수 있다.

san Francisco, san Diego, san Juan과는 달리 왜 santo Tomás라고 하나요?

형용사 santo의 어미 -to가 To-/Do-로 시작하는 남성 고유명사 앞에서 탈락되지 않는 것은 음성학적(fonético)인 이유 때문이다.

형용사 santo는 (1)에서 보듯 일부 남성 고유명사 앞에서 어미탈락(apócope) 현상이 나타난다.

(1) san Juan, san Pedro, san Francisco, san Sebastián, san Antonio

그러나 모든 남성 고유명사 앞에서 어미 -to가 탈락하는 것은 아니다. 예를 들어 To-, Do-로 시작하는 남성 고유명사 앞에서는 (2)에서처럼 어미탈락이 일어나지 않는다.

(2) santo Tomás, santo Tomé, santo Toribio, santo Domingo

(2)에서 남성 고유명사 앞에서 어미탈락형 San이 사용되지 않는 이유는 음성학적(fonético) 이유와 관련을 가진다. 구체적으로 설명하자면, santo의

어미 -to와 To-/Do-로 시작하는 단어의 첫 음절 발음이 같거나 유사하기 때문에 만약 어미탈락형 San을 이들 단어 앞에 사용하면 [santo-más], [santo-mé], [santo-ríbio], [sando-míngo]로 발음될 수 있어 이를 피하기 위해 santo를 사용한다고 설명할 수 있다.

한편, santo는 일반명사 앞에서는 어미탈락 현상이 일어나지 않는다는 점도 기억해야 할 부분이다.

(3) a. todo el santo día
온 종일

b. el Santo Padre
교황

c. ¡Santo cielo!
어머나!(놀람의 표현)

(NGLE: 936; CREA)

el/la estudiante, un/una cantante처럼 -e로 끝나는 단어의 남·여성형은 항상 같은가요?

직업이나 신분을 나타내는 명사가 자음이나 -e로 끝나는 경우 어미변화 없이 관사로 여성형을 나타낼 수 있다(ej. la joven, la estudiante). 그러나 여성의 사회적 진출이 활발해진 현대의 스페인어에서는 이미 많은 경우 여성형이 존재하므로 이를 사용할 것을 권장한다.

직업, 신분을 나타내는 스페인어 어휘 중에는 어미변화 없이 관사로만 여성형을 나타내는 경우가 있다. 특히, 자음으로 끝나거나 모음 -e로 끝나는 단어의 경우 이 같은 현상이 두드러진다.

(1) a. el/la fiscal, el/la joven, el/la intelectual, el/la mártir
검사 젊은이 지식인 순교자

b. el/la estudiante, el/la cantante, el/la cónyuge, el/la intérprete
학생 가수 배우자 통역원

그러나 현대 스페인어는 여성형을 사용하는 방향으로 변화하고 있다. 여성의 사회 진출이 활발해진 현상과 관련이 깊다고 볼 수 있다. 스페인 한림원(RAE) 사전(2001)은 다음 (2)-(3)의 어휘들의 여성형을 인정하고 있다. 따라서 이들 명사는 여성형 관사와 함께 여성형 명사의 사용이 권장된다.

(2) 모음 -e로 끝나고 여성형이 있는 명사

남성형	여성형
acompañante(동행인)	acompañanta
almirante(제독)	almiranta
ayudante(도우미)	ayudanta
cliente(고객)	clienta
dependiente(점원)	dependienta
gigante(거인)	giganta
gobernante(통치자)	gobernanta
infante(왕자)	infanta
jefe(사장)	jefa
presidente(회장)	presidenta

(3) 자음으로 끝나고 여성형이 있는 명사

남성형	여성형
aprendiz(견습생)	aprendiza
capataz(현장/농장 감독)	capataza
concejal(시의원)	concejala
coronel(대령)	coronela
embajador(대사)	embajadora
general(장군)	generala
oficial(장교)	oficiala
huésped(숙박인/손님)	huéspeda

하나의 명사가 두 가지 성(género)으로 모두 사용되는 단어들이 존재한다. 그러나 복수로 사용할 경우 이 단어들은 정해진 하나의 성을 취한다.

단수	복수
el/la arte(예술)	las artes
el/la azúcar(설탕)	los azúcares
el/la dote(지참금)	las dotes
el/la mar(바다)	los mares
el/la maratón(마라톤)	los maratones

예를 들어, el(la) séptimo(a) arte(영화)와 el(la) mar salado(a)(짠 바닷물)는 단수의 경우에는 남성과 여성이 모두 가능하다. 그러나 las bellas artes(미술), los mares grandes(큰 바다)처럼 복수형은 정해진 하나의 성을 취한다.

EL PAÍS

PRIMERA EDICIÓN

www.elpais.com

EL PERIÓDICO GLOBAL

CONCLUYE LA INVESTIGACIÓN DEL 'CASO NÓOS'

El juez pide procesar a la Infanta por su "colaboración silenciosa"

Castro imputa a 16 personas, entre ellas Urdangarin ● Atribuye a doña Cristina delito fiscal y blanqueo ● La Casa del Rey expresa respeto a la independencia judicial

사과밭(manzanar)의 사과나무(manzano)에서 사과(manzana)가 만들어지는 과정을 알고 있나요?

성(género) 접미사 -o와 -a가 성의 변화가 아닌 의미 변화를 일으키는 경우도 있다. 예를 들어, 여성형 manzana, naranja, oliva는 과일 열매(fruta)를 의미하고 남성형 manzano, naranjo, olivo는 그 나무(árbol)를 의미한다. 그리고 이들 명사에 접미사 -ar나 -al이 첨가되면 manzanar(사과 밭), naranjal(오렌지 밭), olivar(올리브 밭)이 된다는 사실은 덤으로 알 수 있다.

명사의 성(género)을 나타낼 때 가장 일반적으로 사용하는 어미는 -o와 -a이다. 이들 접미사(sufijo)는 많은 경우 (1)에서처럼 의미적으로 각각 남성과 여성을 표현한다.

(1) a. amigo/amiga, abuelo/abuela, novio/novia
친구 조부모 연인

b. oso/osa, perro/perra, gato/gata
곰 개 고양이

그러나 어떤 경우는 어미 -o와 -a가 사용되어 성의 변화가 아닌 의미적 변화를 만들기도 한다. (2)에서 여성형 접미사 -a는 열매(fruta)를 의미하고 남성형 -o는 해당 열매 나무(árbol)를 의미하는 경우다.

(2)

열매	나무
manzana(사과)	manzano(사과나무)
naranja(오렌지)	naranjo(오렌지나무)
oliva(올리브)	olivo(올리브나무)
cereza(체리)	cerezo(체리나무)
almendra(아몬드)	almendro(아몬드나무)
ciruela(자두)	ciruelo(자두나무)
castaña(밤)	castaño(밤나무)
banana(바나나)	banano(바나나나무)
avellana(개암열매)	avellano(개암나무)

(2)의 열매 및 나무를 표현하는 어휘들과 관련된 접미사로서 -ar와 -al은 (3)에서 볼 수 있듯이 명사 어근과 결합하여 어떤 식물 또는 재료가 많이 있는 장소를 표현할 수 있다.

(3)

열매/재료	장소
manzana(사과)	manzanar(사과 밭)
oliva(올리브)	olivar(올리브 밭)
limón(레몬)	limonar(레몬 밭)
pino(소나무)	pinar(소나무 밭)
melón(멜론)	melonar(멜론 밭)
melocotón(복숭아)	melocotonar(복숭아 밭)
frijol(강낭콩)	frijolar(강낭콩 밭)
cereza(체리)	cerezal(체리나무 밭)

열매/재료	장소
naranja(오렌지)	naranjal(오렌지 밭)
trigo(밀)	trigal(밀 밭)
tomate(토마토)	tomatal(토마토 밭)
papa(감자)	papal(감자 밭)
sandía(수박)	sandial(수박 밭)
arroz(쌀)	arrozal(논)
café(커피)	cafetal(커피 밭)
berenjena(가지)	berenjenal(가지 밭)
arena(모래)	arenal(모래 밭)
roca(바위)	roquedal(바위지역)
lodo(진흙)	lodazal(진흙창)
pasto(풀, 목초)	pastizal(목초지)
barro(진흙)	barrizal(진창, 수렁)

(2), (3)에서 살펴본 파생어 형성 과정을 안다면 학습자들은 사과밭(manzanar)의 사과나무(manzano)에서 사과(manzana)가 만들어지는 과정을 쉽게 알게 될 것이다.

한편, 성 접미사(sufijos de género) -o와 -a가 (4)에서처럼 상호 간의 다양한 의미 차이를 일으키기도 한다.

(4)

남성	여성
barco(큰 배, 기선)	barca(작은 배)
bolso(백, 주머니)	bolsa(봉지, 봉투)
madero(각목)	madera(목재)
gorro(챙 없는 모자)	gorra(앞 챙 있는 모자)
anillo(반지)	anilla(고리)

남성	여성
huerto(작은 밭/과수원)	huerta(밭, 과수원)
manto(망토)	manta(담요)
charco(작은 물웅덩이)	charca(못, 저수지)
banco(은행)	banca(은행업무, 은행단)
gimnasio(체육관)	gimnasia(운동, 체육)
punto(점, 포인트)	punta(뾰족한 끝)

Tip!

스페인어에는 다음 표에서 보듯 한 단어가 성에 따라서 다른 의미를 갖는 경우가 있다.

남성	여성
el capital(자본)	la capital(수도)
el orden(순서)	la orden(명령)
el editorial(신문사설)	la editorial(출판사)
el frente(정면)	la frente(이마)
el cólera(콜레라)	la cólera(화, 분노)
el coma(혼수상태)	la coma(콤마 부호)
el corte(절단, 재단)	la corte(궁정, 법정)
el cura(신부, 사제)	la cura(치료)
el cámara(촬영기사)	la cámara(카메라)
el mañana(미래)	la mañana(아침)
el bando(도당, 당파)	la banda(어깨띠, 음악밴드)
el pendiente(귀걸이)	la pendiente(경사지)
el radio(반지름, 반경)	la radio(라디오)

코스타리카(Costa Rica) 사람을 왜 티코(tico)라고 부르나요?

축소사(diminutivo)는 명사, 형용사, 부사와 결합하여 '작은 크기(tamaño pequeño)'를 표현할 뿐만 아니라 화자의 애정(afecto)이나 친근감(cercanía)을 표현할 수 있다.

코스타리카(Costa Rica)의 국명형용사(gentilicio)는 costarricense이다. 그러나 (1)에서 보듯 costarricense 대신 'tico'라는 단어가 사용되는 것을 어렵지 않게 찾아 볼 수 있다.

(1) a. El equipo Alajuela, campeón del fútbol tico en 1996, cayó por 3-1 ante Saprissa el miércoles ...
1996년 코스타리카 축구 챔피언인 알라후엘라 팀이 수요일에 사프리사 팀에게 3대 1로 패했다.

b. ... su hija vivía en Costa Rica, casada con un tico (costarricense) parrandero y mujeriego.
그의 딸은 여자를 좋아하고 시끌벅적한 성격의 코스타리카 사내와 결혼해서 코스타리카에 살고 있었다.

(CREA)

(1)에서 사용된 'tico'라는 단어는 코스타리카의 국명이나 지명과는 전혀 상관이 없다. 그럼에도 불구하고 el fútbol tico와 un tico는 각각 "코스타리카 축구"와 "코스타리카 사람"으로 번역해야 한다. 흥미롭게도 이 단어는 스페인어 축소사들(diminutivos) 중의 한 형태인 -ico/-ica에서 유래한 어휘다. 즉, 코스타리카 사람들은 축소사를 사용할 때 특별히 -ico/-ica의 변형(variante)인 -itico/-itica를 많이 사용했기 때문에 " '-itico'를 많이 사용하는 사람들"이란 의미로 그들을 'tico'라고 부르기 시작했다는 것이다. 실제로 (2)의 문장들은 코스타리카 신문 La Teja에서 발췌한 것이다.

(2) a. Se dieron un tremendo abrazo de hemaniticos.
그들은 서로 격정적인 우정의 포옹을 나누었다.

b. Recuerdo que cuando estaba chiquitico me celebraban el día de la Madre.
내가 어렸을 때는 어머니날을 쇠었던 기억이 납니다.

잘 알고 있듯이 스페인어를 사용하는 모든 지역에서 축소사의 가장 대표적인 형태는 -ito/-ita이다. 그리고 (3)에서 볼 수 있듯이 -ico/-ica, -illo/-illa, -ín/-ina, -uelo/-uela 등과 같은 축소사들도 사용한다.

(3)

축소사	예
-ito/-ita	cielito(하늘), papelito(작은 종이), florecita(작은 꽃)
-ico/-ica	arbolico(작은 나무), sillica(작은 의자), Juanico(후안의 애칭)
-illo/-illa	cestillo(작은 바구니), listillo(작은 목록), ratoncillo(생쥐)
-ín/-ina	librín(작은 책), pequeñina(작은 여자 아이), tontín(바보)
-uelo/-uela	aldehuela(작은 마을), ladronzuelo(좀도둑), tontuelo(바보)

(NGLE: 636; Aguirre 2013: 286)

(3)의 축소사들은 지역적 선호도에 따라 사용되기도 하고, pequeñito, pequeñico, pequeñín, pequeñuelo처럼 한 사람이 비슷한 의미로 여러 가지를 혼용하기도 한다. 그리고 ahorita, lueguito, despacito, lejitos, cerquita, rapidito, todito, muchito 같이 부사나 형용사에도 축소사가 사용될 수 있다.

축소사는 분명 '작은 크기(tamaño pequeño)'를 표현하지만 크기와는 별개로 애정(afecto) 및 친근감(cercanía)을 표현할 때도 사용한다. 따라서 일반 명사나 형용사뿐만 아니라 이름과 같은 고유명사에도 많이 사용된다.

(4) a. Luisito, Juanito, Victorcito

b. Anita, Esteban(c)ito, Carmencita

(NGLE: 649; GDLE: 4671)

따라서 축소사는 공식적 대화나 문어체 구문 보다는 친근한 문체나 구어체 구문에서 주로 사용된다. 지역적으로는 스페인보다 라틴아메리카에서 일반적으로 더 많이 사용된다.

한편 축소사의 성(género)은 (5)에서 보듯 원래 명사의 성을 따르는 것이 원칙이다.

(5) a. niño > niñ-ito, mesa > mes-ita

b. canal > canal-ito, jefe > jefe-cito

(GDLE: 4656)

그러나 다음 (6)의 명사들처럼 -o로 끝나는 여성 명사나, -a로 끝나는 남성 명사는 원래 성이 아닌 어미 형태를 따라 축소사를 붙인다.[5]

---

5) -o로 끝나는 대표적 여성 명사인 mano의 축소사는 (6)의 단어들과는 달리 man-ita이다. 그러나 Aguirre(2013: 287)는 라틴아메리카 일부 지역에서는 man-ito로 사용하기도 한다고 설명한다.

(6) a. la moto > la motito, el mapa > el mapita

b. el cura > el curita, el diploma > el diplomita

(Aguirre 2013: 287; GDLE: 4657)

한편, 스페인어 어휘들 중에는 축소사 -ito/-ita가 붙었을 때 서로 혼동될 수 있는 경우가 있다. 대표적인 예로서 명사 sol(태양)과 형용사 solo(혼자의)가 있다. 이 단어들은 혼동을 피하기 위해 sol(태양) > solecito, solo(혼자의) > solito처럼 서로 다른 축소사를 사용하여 구분한다.

(7) a. Se tumbó en el banco y empezó a adormecerse con el solecito de otoño.
그는 벤치에 누웠고 가을 햇살에 잠이 들기 시작했다.

b. Le contesté: No, no, lo hago todo yo solito.
난 그에게 "아니요, 아닙니다. 모든 걸 저 혼자서 해요"라고 대답했다.

(NGLE: 648; CREA)

다음 (8)의 단어들도 서로 다른 축소사를 적용하여 그 뜻을 구별한다.

(8) a. col(양배추) > colecita, cola(꼬리) > colita

b. plan(계획) > planecito, plano(도면, 지도) > planito

(NGLE: 649)

Tip!

국명 Venezuela(베네수엘라)는 Venecia(베네치아)에 축소사 -uela가 붙어 "작은 베네치아"라는 뜻을 표현하고 pañuelo는 paño(헝겊, 천)에 축소사 -uelo가 붙어 "작은 천 조각", 즉 손수건을 의미하게 되었다. abanico(부채)라는 단어도 abano(천정에 달려있는 큰 팬)에 축소사 -ico가 붙어 만들어 졌다. 이처럼 스페인어 일부 단어들은 축소사를 포함하여 하나의 독립 어휘로 사전에 등재된 경우도 있다. 이들 단어는 의미적으로 '작은 크기'를 뜻하기도 하지만 어떤 경우는 크기와는 상관없이 다른 의미를 표현하는 단어로 사용된다.

cabrito(어린 염소)		cabra(염소)
pajarita(종이로 접은 새)		pájaro(새)
castañuela(캐스터네츠)		castaña(밤)
riachuelo(개울)		riacho(개울)
callejuela(좁은 길)		calle(길)
pasillo(복도)		paso(통행, 통로)
bastoncillo(면봉)	←	bastón(지팡이)
camilla(들 것)		cama(침대)
colilla(꽁초)		cola(꼬리)
maletín(작은 가방)		maleta(가방)
botín(반장화)		bota(장화)
botiquín(구급상자)		botica(약국)
neblina(옅은 안개)		niebla(안개)

PLEGAR EL CARRITO Y
SUJETAR AL AUTOBUS

en-/a-로 시작하는 동사들의 의미를 쉽게 알 수 있는 방법이 있나요?

en-이나 a-로 시작하는 동사들의 뜻을 모를 땐 일단 나누어 생각해 보자. 어떤 경우는 en/gord/ar(살찌다), en/cuadern/ar(제본하다), a/barat/ar(할인하다), a/clar/ar(분명히 하다)의 경우처럼 그 안에서 쉬운 단어들을 발견할 수도 있다.

스페인어 동사들 중 상당수는 명사, 형용사등 다른 단어에서 파생되어 만들어진 경우이다. (1)처럼 접미사 -ar, -ear가 명사나 형용사에 붙어 동사를 만들기도 하고 (2)에서처럼 -ificar, -izar가 붙어 "그 명사/형용사처럼 만들다"라는 뜻의 동사를 형성하기도 한다.

(1)

명사	동사	형용사	동사
archivo	archivar(문서보관하다)	limpio	limpiar(깨끗이하다)
triunfo	triunfar(승리하다)	seco	secar(말리다)
castigo	castigar(벌주다)	caliente	calentar(가열하다)
gota	gotear(한 방울씩 떨어지다)	malo	malear(악하게 만들다)
ojo	ojear(흘낏 보다)	blanco	blanquear(표백하다)
golpe	golpear(타격하다)	cojo	cojear(다리를 절다)

(2)

명사	동사	형용사	동사
plan	planificar(계획하다)	amplio	amplificar(넓히다)
clase	clasificar(분류하다)	claro	clarificar(분명히하다)
código	codificar(암호화하다)	intenso	intensificar(세게하다)
paz	pacificar(화해시키다)	fuerte	fortificar(강화하다)
ridículo	ridiculizar(조롱하다)	nacional	nacionalizar(국유화하다)
armonía	armonizar(조화시키다)	formal	formalizar(형식화하다)

(1)과 (2)의 동사들은 많이 사용되는 명사나 형용사에서 파생된 것을 외견상 쉽게 알 수 있기 때문에 그 의미도 비교적 어렵지 않게 파악할 수 있다. 문제는 명사나 형용사에서 파생되었지만 (1), (2)의 동사들과는 달리 외견상 쉽게 그 의미를 파악하기 어려운 동사들도 많이 있다는 것이다. 예를 들어 (3)의 다양한 동사들을 살펴보자.

(3) a. encuadernar(제본하다), enrojecer(붉게하다), enorgullecer(자랑스럽게하다), empobrecer(가난하게하다), embellecer(아름답게하다), etc.

b. aprisionar(투옥하다), abaratar(할인하다), alisar(반질하게하다), alargar(늘이다), abrillantar(광을 내다), avergonzar(부끄럽게 하다), etc.

학습자들이 (3)의 동사들이 어떤 뜻을 갖는지 한 눈에 알아보기는 쉽지 않다. 중심 의미를 표현하는 명사나 형용사 앞에 접두사(prefijo) en-과 a-가 첨가되었기 때문이다. 그러나 만약 학습자들이 다음 (4)의 동사 파생 원리를 알고 있다면 이야기는 달라진다. 접두사와 접미사를 분리하여 중심 어근이 되는 명사와 형용사를 쉽게 구분하고 따라서 그 의미도 어렵지 않게 유추할 수 있기 때문이다.

(4) 『en-/a- + 명사/형용사 + -ar/-cer』:
접두사 en-/a-와 동사화 접미사 -ar/-cer는 명사나 형용사를 중심으로 결합하여 동사를 형성할 수 있다.[6]

(4)의 원리를 적용하여 (3)의 일부 동사들의 구조를 나타내면 다음과 같다.

(5) a. en/ cuaderno(공책) /ar ⇒ encuadernar: 제본하다
b. en/ rojo(붉은) /cer ⇒ enrojecer: 붉게 하다
c. a/ prisión(감옥) /ar ⇒ aprisionar: 수감하다
d. a/ barato(싼) /ar ⇒ abaratar: 할인하다

(5)에서 보듯 접두사 en-/a-와 접미사 -ar/-cer를 분리하면 동사의 중심 의미를 나타내는 명사와 형용사를 구분할 수 있고, 따라서 만들어진 동사의 의미를 쉽게 유추할 수 있게 된다. (4)의 원리는 학습자들이 어렵지 않게 어휘력을 증대시킬 수 있는 좋은 방안이 될 수 있다. (6)과 (7)의 동사들은 설명한 파생 과정을 통해 생성된 동사들의 일부 목록이다.

6) 형태론(morfología)에서는 (4)의 과정을 병치종합(parasíntesis)이라 부른다. 어근을 중심으로 접두사와 접미사가 동시에 병렬 배치되어 단어를 파생시키는 어휘 생성 과정을 의미한다.

(6)

어근	파생 동사	의미
gordo(살찐)	engordar	(타/자) 살찌우다/ 살찌다
orgullo(자부심)	enorgullecer	(타) 자만케 하다
amor(사랑)	enamorar	(타) 사랑에 빠뜨리다
viejo(늙은)	envejecer	(타/자) 늙게 하다/늙다
foco(초점)	enfocar	(타) 초점을 맞추다
triste(슬픈)	entristecer	(타) 슬프게 하다
cabeza(머리)	encabezar	(타) 통솔하다
dulce(달콤한)	endulzar	(타) 달게 하다
duro(단단한)	endurecer	(타) 단단하게 하다
furia(분노)	enfurecer	(타) 화나게 하다
marco(액자, 틀)	enmarcar	(타) 틀/액자를 만들다
gancho(갈고리)	enganchar	(타) (갈고리로) 걸다, 잡다
grapa(꺽쇠)	engrapar	(타) 스테이플러 찍다
sordo(귀먹은)	ensordecer	(타) 귀머거리로 만들다
rico(부유한)	enriquecer	(타) 풍성하게 하다
paquete(소포)	empaquetar	(타) 포장하다
peor(더 나쁜)	empeorar	(타) 악화시키다
pobre(가난한)	empobrecer	(타) 가난하게 하다
bello(아름다운)	embellecer[5]	(타) 아름답게 하다

7) 접두사 en-은 양순음(bilabial) b, p 앞에서 em-으로 발음된다.

(7)

어근	파생 동사	의미
delgado(날씬한)	adelgazar	(타/자) 살 빼다/ 빠지다
claro(분명한)	aclarar	(타) 분명히 하다
gigante(거인)	agigantar	(타) 크게 만들다
horca(교수대)	ahorcar	(타) 교수형에 처하다
largo(긴)	alargar	(타) 연장하다
justo(정확한)	ajustar	(타) 조정, 조율하다
vergüenza(부끄러움)	avergonzar	(타) 부끄럽게 만들다
tierra(땅)	aterrizar	(자) 착륙하다
noche(밤)	anochecer	(자) 밤이 오다
tarde(오후)	atardecer	(자) 해가 저물다
padrino(대부)	apadrinar	(타) 후원하다
terror(공포)	aterrorizar	(타) 공포로 만들다
liso(매끄러운)	alisar	(타) 매끄럽게 하다
isla(섬)	aislar	(타) 고립시키다
montón(더미, 대량)	amontonar	(타) 쌓다, 축적하다
brillante(빛나는)	abrillantar	(타) 광을 내다
niño(아이)	aniñarse	(자) 어린아이처럼 되다
nulo(무효의)	anular	(타) 취소하다
punto(점)	apuntar	(타) 조준하다
fama(명성)	afamar	(타) 유명하게 하다

de(s)-/di(s)-같은 접두사와 동사 접미사 -ar/-ear도 명사, 형용사와 결합하여 동사를 형성할 수 있다.

어근	파생동사	의미
carta(카드)	descartar	(타) 제외시키다
cabeza(머리)	descabezar	(타) 머리를 자르다, 참수하다
color(색깔)	de(s)colorar	(타) 탈색, 변색시키다
punta(뾰족한 끝)	despuntar	(타) 끝을 무디게 하다
letra(글자)	deletrear	(타/자) 한 글자씩 말하다
fama(명예)	difamar	(타) 중상, 비방하다
vulgo(속세)	divulgar	(타) 공표, 폭로하다
lúcido(명쾌한)	dilucidar	(타) 해명하다

DRA. Mª. DOLORES SAAVEDRA
¿POR QUÉ ENGORDAMOS?
El mejor método para eliminar la grasa
Prólogo de Carlota Corredera
Grijalbo
Reduciendo
contaminantes ambientales
2ª
edición

불규칙 동사 pensar, querer, poder 등은 왜 1인칭, 2인칭 복수에서는 규칙 변화를 할까요?

pienso, quiero, fuerte, muerte 등의 단어들에서 볼 수 있듯이 어간 모음 e와 o가 강세 위치에 올 때 이들은 각각 ie와 ue로 이중모음화(diptongación)되는 현상이 있다. 그러나 이들 모음이 비강세 위치에 올 때는 이중모음화 되지 않고 원래 모음 e와 o를 그대로 유지한다.

스페인어 동사들 중 어간 모음이 이중모음화(diptongación)됨으로서 불규칙 동사가 된 경우를 쉽게 찾아 볼 수 있다. 가장 대표적인 예는 (1)에서 볼 수 있듯이 어간 모음 e가 ie로, 그리고 o가 ue로 바뀌는 동사들이다.

(1) a. e > ie: pensar(pienso), querer(quiero), sentir(siento), etc.
b. o > ue: contar(cuento), volver(vuelvo), dormir(duermo), etc.

흥미로운 사실은 직설법 현재형 변화 시 (1)의 모든 동사들이 1인칭, 2인칭 복수형에서는 (2)에서 보듯 이중모음화를 겪지 않는다는 점이다.

(2) a. pensamos/pensáis, queremos/queréis, sentimos/sentís
b. contamos/contáis, volvemos/volvéis, dormimos/dormís

학습자들이 위의 불규칙 동사들을 학습할 때 일반적으로 불규칙 변화형에 집중하고 그 불규칙의 배경이 무엇인지에 관해서는 특별한 관심을 보이지 않는다. 만약 교수자가 불규칙 동사가 된 이유와 원리를 설명해 준다면 학습 효과는 배가 될 수 있다는 점에서 그 이유를 알아보자.

NGLE(2009: 33)와 GDLE(1999: 4470)에 따르면, 통속 라틴어(latín vulgar) 시절 열린 모음(vocal abierta)이었던 e와 o는 스페인어로 분화되면서 강세 위치(posición tónica)에서 이중모음화되는 변화를 겪게 된다. 즉, 강세 위치의 e는 ie로, 그리고 o는 ue로 이중모음화된 것이다. 이 같은 사실을 알게 되면 (2)에서 1인칭, 2인칭 복수형이 불규칙 변화를 하지 않는 이유를 설명할 수 있다. 예를 들어 pensamos, volvéis, dormimos와 같은 변화형에서 어간 모음 e와 o는 모두 비강세 위치(posición átona)에 있기 때문에 이중모음화가 일어나지 않고, 따라서 불규칙변화 형태를 보이지 않는다고 설명할 수 있다. 어간 모음 e와 o가 강세 위치에서 이중모음화되는 현상은 (3)에서 보듯 명사, 형용사 등 다른 품사들에서도 볼 수 있으며, terreno(토지), vejez(노년), mortal(죽음의)처럼 비강세 위치의 어간 모음 e와 o가 그대로 유지되는 현상도 함께 설명할 수 있다.

(3)

라틴어	강세위치(ie/ue)	비강세위치(e/o)
bonus	bueno(좋은)	bonito(예쁜), bondad(선의)
terra	tierra(땅)	terrenal(땅의), terreno(토지)
vetulus	viejo(늙은)	vejez(노년), envejecimiento(노화)
tenerum	tierno(부드러운)	ternura(부드러움), terneza(상냥함)
dentis	diente(치아)	dental(치아의), dentista(치과의사)

라틴어	강세위치(ie/ue)	비강세위치(e/o)
populus	pueblo(마을)	poblado(마을), población(인구)
certus	cierto(확실한)	certeza(확실함), certero(적중한)
mortis	muerte(죽음)	mortal(죽음의), mortuorio(장례의)
novus	nuevo(새로운)	novedad(새로움), novato(신참(의))

Tip!

스페인어에서는 형용사나 부사의 어미에 -ísimo를 붙여 "최고로/매우~한/하게"라는 의미의 절대최상급(superlativo absoluto) 단어를 만들 수 있다. 이때 (i)에서 볼 수 있듯이 어간 모음이 이중모음화 되는 경우와 그렇지 않은 경우가 있다.

(i) a. fuertísimo(매우 강한), buenísimo(최고로 좋은), ciertísimo(매우 확실한), calientísimo(매우 뜨거운)

b. fortísimo(매우 강한), bonísimo(최고로 좋은), certísimo(매우 확실한), calentísimo(매우 뜨거운)

NGLE(2009: 524)에 따르면, 두 가지 형태 모두 올바른 절대최상급 파생어이다. 다만 이중모음화된 형태인 (ia)는 구어체 언어에서 주로 사용되고 그렇지 않은 (ib)의 형태는 교양어(lengua culta)에서 많이 사용된다고 한다. 본문에서 설명한 강세와 이중모음화의 관계를 적용하여 (ib)의 형태를 설명할 수 있다. 즉, 강세가 어간 모음 e, o에 떨어지지 않기 때문에 원래 라틴어 모음이 이중모음화 되지 않고 유지된다고 설명할 수 있다. 한편, (ia)의 경우는 실제 사용되는 형용사가 이미 이중모음화 된 fuerte, bueno, cierto, caliente의 형태이고 이들 형용사에 -ísimo 어미가 붙어 파생어가 만들어진 것이라고 설명할 수 있다.

스페인어에서 동사는 항상 주어와 일치할까요?

일반적으로 스페인어의 동사는 주어와 인칭과 수의 일치를 하지만 ser 동사의 경우는 주어가 아닌 보어(atributo)와 일치하는 구문도 존재한다.

1. A: ¿Cuánto cuesta esta camisa?
   이 셔츠는 얼마인가요?

   B: Cuesta veinte euros.
   Cuestan veinte euros. (x)
   20유로입니다.

2. A: ¿Cuánto es?
   얼마에요?

   B: Son veinte euros.
   Es veinte euros. (x)
   20유로입니다.

<대화 1>과 <대화 2>는 모두 '20유로'라는 가격을 말하는 상황이지만 동사 costar는 단수형 cuesta를 사용하고, 동사 ser의 경우는 복수형 son을 사용한다. costar는 주어 esta camisa와 일치하여 3인칭 단수가 사용되지만, ser는 보어인 veinte euros에 일치하여 3인칭 복수형이 사용되기 때문이다.

ser 동사의 일치와 관련하여 동사가 주어가 아닌 명사 술어, 즉 보어(atributo)와 일치하는 구문이 존재하며 이는 스페인어 학습자의 혼란을 야기한다. 먼저 그 유형을 살펴보자.

(1) a. Ahora todo son/*es problemas.
지금은 모든 것이 문제이다.

b. Lo que importa son/*es los créditos necesarios para construir la obra.
중요한 것은 공사를 하는데 필요한 신용이다.

(GDLE: 2779)

(2) a. El precio de la sortija son/*es sesenta mil pesetas.
반지의 가격은 6만 페세타이다.

b. Mi peso ideal son/*es cincuenta kilos.
나의 이상적인 몸무게는 50킬로이다.

(GDLE: 2377)

위 예문들의 특징은 동사 ser가 주어가 아닌 보어 명사, 즉 술어명사에 일치하는 현상을 보이고 있다는 사실이다. 이는 스페인어 학습자에게 혼란을 야기할 수 있는 자료들이다. 이러한 현상은 다음 (3)의 원칙을 통해 설명할 수 있다.

(3) 『주어 + ser + (보어)명사』구문에서 ser는 1, 2인칭 명사구와 일치하고 주어, 보어 명사가 모두 3인칭 일 때는 복수명사에 일치한다.

위 (3)은 『주어 + ser + 명사』 구문에서 동사 ser가 명사구 특성에 따라 주어 또는 보어와 자유롭게 일치를 할 수 있음을 의미한다. 우선 (3)에는 ser 동사가 주어, 보어에 상관없이 1인칭, 2인칭 명사구에 일치한다는 원칙이 있다. 이는 1, 2인칭 명사구가 3인칭 명사구 보다 지시성(referencialidad)이 높다는 언어 인지적 특성에 근거한다고 설명할 수 있다. 그리고 주어, 보어가 모두 3인칭 일 때는 ser가 복수 명사에 일치한다는 설명이 있는데 이 또한 3인칭 복수가 3인칭 단수 보다 지시성이 높다는 사실에 근거한다. 예를 들어, 비인칭(impersonal) 구문은 의미적으로 지시성을 갖춘 주어가 없다는 특징이 있다. 스페인어의 경우 비인칭 구문에서 3인칭 단수 동사가 주로 사용됨을 알 수 있는데 이는 스페인어 3인칭 단수형이 비지시적 성격을 가지고 있다는 것을 의미한다.[8]

이제 구체적으로 (3)의 원칙을 적용하여 다음 예문들의 일치 현상을 설명해 보자.

---

8) 다음 i)에서 보듯이 스페인어의 비인칭 구문에 가장 일반적으로 사용되는 동사 형태는 3인칭 단수 동사임을 알 수 있다.

i) a. Llueve mucho.
비가 많이 온다.

b. Hay mucha gente en la plaza.
많은 사람들이 광장에 있다.

c. Es importante vivir feliz.
행복하게 사는 것은 중요하다.

d. No se fuma aquí.
여기에서는 담배를 피우지 않습니다.

따라서 3인칭의 경우 복수가 단수보다 지시성이 더 높다고 가정할 수 있다.

(4) a. La invitada soy/*es yo.
초대받은 사람은 나다.

b. El asesino eres/*es tú.
살인자는 너다.

(GDLE: 2803)

(5) a. Nuestros principales rivales somos/*son nosotros.
우리의 주요 라이벌은 우리다.

b. El futuro de la ciencia sois/*es vosotros.
과학의 미래는 너희들이다.

먼저 (4)-(5)에서 주어는 3인칭 단·복수 명사구이지만 동사 ser는 1, 2인칭 형태로 나타나야 함을 알 수 있다. 이 같은 현상은 지시성이 높은 1, 2인칭 보어명사 yo와 tú 그리고 nosotros와 vosotros에 동사 ser가 각각 일치한다는 원리로 설명할 수 있다.

이제 앞서 (1), (2) 문장에서 살펴보았던 주어와 보어 모두 3인칭 명사로 나타나는 구문에서 보이는 ser 동사의 일치 특성을 설명해 보자(편의상 (2)를 (6)으로 반복하여 나타냄).

(6) a. El precio de la sortija son/*es sesenta mil pesetas.
반지의 가격은 6만 페세타이다.

b. Mi peso ideal son/*es cincuenta kilos.
나의 이상적인 몸무게는 50킬로이다.

(6)에서 동사 ser는 3인칭 단수인 주어 명사에 일치하지 않고 3인칭 복수인 보어 명사에 일치하여 son으로 나타나는 경우만 정문이 됨을 알 수 있다. 이 같은 현상은 앞서 (3)의 원리를 통해 설명할 수 있다. 즉, 주어와 보어명사가 모두 3인칭이고 단수와 복수로 나뉘는 경우 동사 ser는 복수에 일치한다는 설명이 가능하다. 이 같은 설명은 학습 현장에서 시간 표현이나 가격/수치 등을 나타내는 (7)-(8) 문장들을 설명할 때 유용하게 활용될 수 있다.

(7) A: ¿Qué hora es?
몇 시입니까?

B: Son/*Es las dos en punto.
2시 정각입니다.

(8) A: ¿Cuánto es?
얼마인가요?

B: Son/*Es 15 euros.
15유로입니다.

대부분의 국내외 문법서에서 시간 표현의 경우 동사 ser는 예외적으로 시간(1시 또는 2시 이상)과 수를 일치 시킨다고 설명한다. 상기 규칙을 적용한다면 (7), (8)에서 ser 동사가 son으로 사용되는 이유를 설명할 수 있다. 즉, 보어 명사가 각각 las dos (horas)와 15 euros이므로 동사는 보어에 일치하여 복수형인 son이 됨을 설명할 수 있다.

LO MEJOR DE TU VIDA ERES TÚ
CONFÍA EN LA FUERZA DE TUS EMOCIONES
Autora de LA INUTILIDAD DEL SUFRIMIENTO
Más de 500.000 ejemplares vendidos
LO MEJOR DE TU VIDA ERES TÚ
CONFÍA EN LA FUERZA DE TUS EMOCIONES

주어『La mayoría de ~』의 동사는 단수로 쓸까요? 복수로 쓸까요?

『la mayoría de + 복수명사』와 같은 수량 명사구는 형태로는 단수이며, 의미로는 복수이다. 따라서 동사는 단수로도 복수로도 사용할 수 있다. 단, 동사가 보어로 사용된 형용사와 함께 표현되는 경우에는 반드시 복수로 사용한다.

1. A: ¿Piensas comprarte un coche eléctrico?
전기차를 사려고 하는 거야?

B: Claro que sí. La mitad de los coches que se venden aquí son eléctricos.
그럼. 이곳에서 팔리는 차의 절반이 전기차야.

A: Pero la mayoría de los usuarios de coches eléctricos está sufriendo la escasez de puntos de carga.
하지만 대부분의 전기차 사용자들이 충전소 부족을 겪고 있어.

스페인어에는 『de + 복수명사』와 함께 사용되어 수량 명사구(sustantivos cuantificativos)를 만드는 다음과 같은 명사구들이 있다. la mayoría de ~(~의 대부분), la mitad de ~(~의 절반), una serie de ~(일련의 ~), una docena/decena de ~(열두 개의/십여 개의 ~), un grupo de ~(~의 그룹), un montón de ~(많은 수의 ~).

이들 명사구의 특징 중의 하나는 (1)에서 보듯 주어로 사용될 때 동사는 단수와 복수 모두 가능하다는 것이다.

(1) a. La mayoría de los chicos no asiste/asisten a la clase.
대부분의 학생들이 수업에 참석하지 않는다.

b. Una docena de niños no pudo/pudieron patinar.
십여 명의 아이들이 스케이트를 타지 못했다.

c. Al examen solo se presenta/presentan la mitad de los alumnos.
시험에는 단지 학생들 중 절반이 출석한다.

(GDLE: 2766)

(1)에서 단수동사 asiste, pudo, presenta가 사용되는 것은 전체 명사구를 이끄는 명사 la mayoría, una docena, la mitad가 단수이기 때문이라고 설명할 수 있다. 한편, 복수동사 asisten, pudieron, presentan이 사용될 수 있는 근거는 동사가 전치사 de 뒤에 위치한 복수명사에 일치하기 때문이라고 설명할 수 있다. 이 경우 la mayoría, una docena, la mitad은 복수명사를 수식하는 역할을 하여 '대부분의 소년들', '십여 명의 어린애들', '절반의 학생들'처럼 복수명사가 전체 명사구의 핵심어(núcleo) 역할을 한다고 볼 수 있다.

그러나 『la mayoría/mitad de + 복수명사』가 반드시 복수로만 사용되는 문장이 있음에 유의해야 한다.

(2) a. Una docena de manifestantes gritaron enfadados.

b. *Una docena de manifestantes gritaba enfadada.

열두 명의 데모 참가자들이 화가 나서 고함을 쳤다.

(3) a. Un grupo de personas charlaban distendidas.

b. *Un grupo de personas charlaba distendido.

한 그룹의 사람들이 편안하게 잡담을 하고 있었다.

(GDLE: 2769)

(2), (3)에서 볼 수 있듯이 동사는 반드시 복수형 gritaron과 charlaban을 사용해야 한다. 이는 문장 속에 주어를 수식해 주는 술어 enfadados와 distendidas가 출현하여 복수명사 manifestantes와 personas의 개별적 상태를 표현해주고 있기 때문이다. 즉, (2), (3)에서처럼 주어를 개별적으로 수식하는 형용사 술어가 나타나는 문장에서는 반드시 복수를 사용한다.

위 <대화 1>에서도 이를 살펴볼 수 있다. B의 대화에서 la mitad de los coches는 "자동차들의 절반"으로 해석되며 의미상으로는 복수의 표현이지만 la mitad은 문법적으로는 단수에 해당한다. 이런 경우 동사의 일치는 단수와 복수가 모두 가능하다. 그러나 형용사 술어를 동반한다면 복수로 일치해야만 한다. 대화에서 'ser eléctrico'라는 형용사 주격보어가 사용되어야 하기 때문에 이런 경우는 반드시 복수로 일치하여야 한다. 반면에 A의 대화 'la mayoría de los usuarios de coches eléctricos está sufriendo'의 경우는 동사를 단수 'está'나 복수 'están'으로 사용하는 것이 모두 가능하다.

EL PERIÓDICO GLOBAL

VIERNES 20 DE MARZO DE 2020 | Año XLV | Número 15.588 | EDICIÓN MADRID | **Precio: 1,70 euros**

ESPAÑA, EN ALERTA POR EL CORONAVIRUS | ENCUESTA 40dB.

La mitad de españoles teme perder el empleo por la crisis

El 92% de los encuestados se declara bastante o muy preocupado por la pandemia

Un 40% vive con nervios el confinamiento y un 30% ve probable un contagio

El 37% de la población asegura estar "todo el rato pendiente" de las noticias

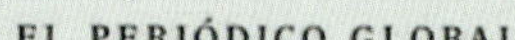

EL PERIÓDICO GLOBAL

DOMINGO 18 DE AGOSTO DE 2019 | Año XLIV | Número 15.375 | EDICIÓN MADRID | **Precio: 2,80 euros**

La mitad de los empleados públicos de menos de 40 años son temporales

Los trabajadores sin contrato indefinido en la Administración ascienden en 2019 hasta el 28,2%, frente al 19% de 2013

MANUEL V. GÓMEZ, **Madrid**
Trabajar en la Administración y gozar de estabilidad laboral ya tos temporales. En 2013, este porcentaje solo alcanzaba el 19%. La peor parte se la llevan can la creciente tasa de temporalidad en la función pública, entre otros factores, a que durante

Ítem 17

주격보어나 목적격보어로 형용사를 사용할 때 제약이 있나요?

문장에서 부가적으로 형용사를 주격보어나 목적격보어로 사용할 때, estar동사와 함께 사용되는 형용사만 사용될 수 있다. 또한 ser동사와 함께 사용되는 형용사와는 달리, estar동사와 함께 사용되는 형용사는 절대구문의 술어로도 기능할 수 있다.

1. A: ¿Le ordenaste a Juan limpiar la habitación?
후안에게 방 청소하라고 시켰니?

B: Sí. Pero harto de oírlo, se fue de casa.
응. 그런데 그 말 듣는 것이 지겹다고 집에서 나가버렸어.

2. A: ¿Por qué estás tan enfadado?
너 왜 그렇게 화가 났어?

B: Es que mi hermano me devolvió roto el libro.
왜냐하면 내 동생이 책을 찢어진 채로 돌려줬거든.

스페인어의 형용사들은 (1a)의 inteligente와 같이 ser동사와 함께 사용되는 형용사와 (1b)의 triste와 같이 estar동사와 함께 사용되는 형용사로 구별된다.

(1) a. Juan es inteligente.
후안은 영리하다.

b. Mi amigo está triste.
내 친구는 슬프다.

이때 ser동사와 함께 사용되는 형용사는 주어의 본질적인 속성을 나타내는 반면, estar동사와 함께 사용되는 형용사는 특정 시간과 장소에서 변화하는 일시적인 상태를 표현한다. ser동사와 함께 사용되는 형용사와 estar동사와 함께 사용되는 형용사는 다음과 같은 예들이 있다.

SER	ESTAR
inteligente(똑똑한), amable(친절한),	triste(슬픈), lleno(가득 찬),
bonito(예쁜), guapo(잘생긴),	vacío(텅 빈), sucio(더러운),
tímido(소심한), optimista(낙관적인),	limpio(깨끗한), abierto(열린),
grande(큰), alto(높은), capaz(능력있는),	enfermo(아픈), contento(만족한),
apto(적절한), idóneo(알맞은),	feliz(행복한), harto(싫증난),
español(스페인의), francés(프랑스의)	seco(건조한), fijo(고정된), furioso(화난)

이 형용사들 중 estar동사와 함께 사용될 수 있는 형용사는 ser동사와 함께 사용될 수 있는 형용사와는 달리, 동사를 동반하지 않고도 문장의 의미로 해석될 수 있는 독립적인 술어(predicado)로 기능할 수 있다는 특징을 갖는다.

시제 변화된 동사가 없이도 과거분사, 현재분사로 절의 의미를 표현하는 분사구문, 다시 말해, 소위 절대구문(construcciones absolutas)은 주절과 관련하여 다양한 부사절의 의미를 표현할 수 있는 구문이다.

(2) a. Dicho esto, concluyó la sesión.
이것이 언급된 후에, 회의가 끝났다.

b. Abriendo yo la puerta, se produjo el apagón.
내가 문을 열자 정전이 되었다.

(GDLE: 2541-2542)

(2)에서 보는 바와 같이, 절대구문 (2a)는 동사 decir의 과거분사 dicho, (2b)는 동사 abrir의 현재분사 abriendo가 술어로 기능하여 각각 주어인 esto, yo와 함께 '주어-술어'의 문장의 의미로 해석된다. 그리고 주절과 관련하여 (2)는 시간의 부사절로 해석되어 (2a)는 "이것이 언급된 뒤", (2b)는 "내가 문을 열었을 때"의 의미를 표현한다.

이러한 절대구문의 술어로 현재분사, 과거분사뿐만 아니라 형용사도 사용될 수 있다는 점에 주목하자. 형용사 역시 자신의 주어와 함께 '주어-술어'의 관계를 형성하여 문장의 의미를 표현할 수 있다. 이때 절대구문의 술어로 기능할 수 있는 형용사는 estar동사와 함께 사용되는 형용사만이 가능하다. 다음의 예를 살펴보자.

(3) a. Muy triste Juan por todo lo ocurrido, decidió emprender un largo viaje.
후안은 벌어진 모든 일에 매우 슬펐기 때문에, 긴 여행을 떠나기로 마음먹었다.

b. Lleno el hemiciclo, comenzó el debate.
반원형 회의장이 꽉 차자, 토론이 시작되었다.

c. *Muy inteligente Pedro, rápidamente dio con la solución.
페드로는 매우 영리해서, 빨리 답을 주었다.

d. *Tímido Juan, no abrió la puerta.
후안은 소심해서 문을 열지 않았다.

(Fernández Leborans 1995: 378; GDLE: 2545)

(3)의 예는 형용사 triste, lleno, inteligente, tímido가 절대구문의 술어로 사용된 구문으로 형용사를 뒤따르는 Juan, el hemiciclo, Pedro, Juan가 형용사의 주어로 기능하여 다양한 의미의 부사절로 해석되는 절대구문이다. 이때 절대구문에는 동사를 사용하지 않고도 형용사 자체가 술어로 기능할 수 있다. 단, 그 형용사는 estar동사와 함께 사용되는 형용사만이 술어로 기능할 수 있다는 점에 주의하자. (3a)의 triste와 (3b)의 lleno는 estar동사와 사용되는 형용사로서 절대구문의 술어로 사용이 가능하다. 반면, ser동사와 함께 사용되는 형용사인 (3c)의 inteligente나 (3d)의 tímido는 절대구문의 술어로 사용될 수 없다는 것을 알 수 있다.

두 번째로, 형용사가 문장의 주격보어나 목적격보어로 사용되어 주어나 목적어에 대한 부가적인 설명을 하는 구문에서 형용사 술어는 estar와 함께 사용되는 형용사만이 사용될 수 있다는 제약이 있다. 다음 (4)와 (5)의 예를 살펴보자.

(4) a. Jorge llegó a casa.
호르헤는 집에 도착했다.

b. Ella condujo el coche.
그녀는 차를 운전했다.

c. Me devolvió la camisa.
내게 셔츠를 돌려주었다.

(5) a. Jorge llegó cansado a casa.
호르헤는 집에 피곤한 상태로 도착했다.

b. Ella condujo el coche borracha.
그녀는 술에 취한 상태로 차를 운전했다.

c. Me devolvió sucia la camisa.
내게 셔츠를 더러운 상태로 돌려주었다.

(4)에서는 문장에 동사 llegó, condujo, devolvió가 사용되었다. (4a)는 자동사 구문이고, (4b)와 (4c)는 직접목적어를 동반하는 타동사 구문이다. (4)는 단순히 『주어 + 동사 + (목적어)』의 구조로 이루어진 구문으로 이 자체로도 문법적인 문장이다. 이러한 (4)에 주격보어, 목적격보어로 형용사가 사용된 (5)의 예는 문장의 주어나 목적어의 상태를 형용사가 부가적으로 표현하고 있다. 이때 (5a)에 사용된 형용사 cansado와 (5b)에 사용된 borracha는 주격보어로 문장의 주어 Jorge와 Ella의 상태를 나타내며, 주어에 성과 수를 일치한다. (5c)의 sucia는 목적격보어로 문장의 목적어 la camisa에 성과 수를 일치한다. (5a)는 풀어서 표현하면, Jorge llegó a casa y él estaba cansado.로 "호르헤는 집에 도착했고, 그때 그는 피곤한 상태였다"의 의미를 표현한다. 형용사 술어 cansado는 문장의 주어인 Jorge를 주어로 하여 'estar cansado'의 의미로 해석된다. (5b)는 Ella condujo el coche y ella estaba borracha.의 의미를 표현하여 "그녀는 차를 운전했고, 그때 그녀는 술에 취한 상태였다"로 해석된다. 형용사 술어 borracha는 문장의 주어인 Ella를 주어로 하여 'estar borracha'의 의미로 해석된다. (5c)는 Me devolvió la camisa y la camisa estaba sucia.로 풀어 쓸 수 있으며, "내게 셔츠를 돌려주었고, 셔츠는 더러운 상태였다"의 의미를 표현한다. 형용사 술어 sucia는 문장의 목적어인 la camisa를 주어로 하여 'estar sucia'의 의미를 표현한다.

이때 (5)에서 부가적인 요소로 주어나 목적어의 상태를 표현하기 위해 사용된 주격보어, 목적격보어의 형용사는 앞서 언급한 estar동사와 함께 사용되는 형용사만이 가능하다는 특징이 있다. 다음 (6)에서 보는 바와 같이 ser동사와 함께 사용되는 형용사는 주격보어나 목적격보어처럼 부가적인 술어로 사용될 수 없다.

(6) a. *Jorge llegó inteligente a casa.
호르헤는 집에 똑똑하게 돌아왔다.

b. *Ella condujo el coche tímida.
그녀는 소심한 상태로 운전했다.

c. *Me devolvió grande la camisa.
네게 셔츠를 큰 상태로 돌려주었다.

(6)에서 inteligente, tímida, grande는 ser동사와 함께 사용되는 형용사로 이러한 형용사가 주격보어나 목적격보어로 사용된 구문은 모두 비문법적이다. 이는 앞서 주격보어나 목적격보어가 사용된 (5)의 예에서 살펴보았듯이, 형용사 술어는 문장의 동사가 나타내는 동작이 이루어지고 있는 시점에 주어나 목적어의 상태를 표현하는 것이기 때문에, estar동사와 함께 사용되는 형용사만이 술어로 사용될 수 있는 것이다.

hacerse, ponerse, volverse, quedarse의 차이는 무엇인가요?

hacerse, volverse는 ser동사와 어울리는 형용사/명사와 함께 사용되고 ponerse, quedarse는 estar동사와 어울리는 형용사와 함께 사용된다.

1. A: Ese hombre se hizo millonario en un año.
   그 남자는 1년 만에 백만장자가 됐어.

   B: ¡No me digas! No me lo puedo creer.
   세상에! 믿을 수 없어.

2. A: ¿Por qué ayer no vino Marta?
   왜 어제 마르타는 안 왔어?

   B: Ella se puso enferma. Está en cama.
   아팠어. 지금도 아파서 누워 있어.

hacerse, ponerse, volverse, quedarse는 모두 "~가 되다, ~한 상태가 되다"의 의미를 표현하는 '변화(cambio)'의 동사이다. 이 동사들은 형용사, 부사 혹은 명사구를 주격보어로 사용하는 ser나 estar와 유사한 동사들이다. 이 동사들은 의미적으로는 모두 '변화'를 표현하지만 그 사용에 있어 차이점이 있다. 다시 말해, 변화된 결과가 모두 같은 성격을 갖는 것이 아니라는 의미이다. 어떤 경우는 변화된 상태가 일시적인 것일 수도 있고, 어떤 경우는 변화된 상태가 지속되는 것일 수도 있다는 것이다.

먼저, hacerse의 경우는 변화된 결과가 사람이나 사물의 지속적인 특징을 표현한다. 즉, 주어의 변화된 특성이 일시적으로 끝나는 것이 아니라 하나의 특성으로 지속되는 것이다. 따라서 hacerse는 ser동사와 어울릴 수 있는 요소들을 주격보어로 사용한다.

(1) a. Se hizo muy famoso.
그는 매우 유명해졌다.

b. Los días se hacen muy largos.
낮이 매우 길어졌다.

c. Me hice vegetariano.
나는 채식주의자가 되었다.

d. Perañanda se hizo amigo de ellos.
페라냔다는 그들의 친구가 되었다.

(NGLE: 2839, 2840)

(1a)는 "그는 매우 유명해졌다"로 해석되며, 변화된 결과는 'Era muy famoso'를 의미하는 것이다. (1b)는 "낮이 매우 길어졌다"로 해석되며, 변화된 결과는 'Los días son muy largos'를 의미한다. (1c)는 "나는 채식주의자가 되었다"로 해석되어 'Soy vegetariano'라는 결과를 표현하고, (1d)는 "페라냔다는 그들의 친구가 되었다"로 해석되어 'Era amigo de ellos'라는 결과

를 표현한다. 즉, hacerse와 함께 사용되는 주격보어는 ser동사와 함께 사용되는 형용사나 직업, 신분 등을 나타내는 명사가 사용되어, "(본질적인 특성이) 되다"의 의미를 표현한다. 따라서 hacerse는 estar동사와 함께 사용되어 일시적 상태를 나타내는 요소들을 주격보어로 사용하지 않는다는 점에 주의해야 한다.

(2) a. *Se hizo descalzo.
맨발이 되었다.

b. *Se hicieron muy contentas.
매우 만족하게 되었다.

(NGLE: 2835)

(2)에 사용된 형용사 descalzo(맨발의), contentas(만족한)는 estar동사와 함께 사용되는 형용사로 hacerse의 주격보어로는 사용될 수 없다.

두 번째로, ponerse는 일시적 상태를 나타내는 표현들과 어울리는 동사이다. 즉, 변화된 상태가 일시적인 것으로 estar동사와 어울리는 표현들이 동사의 주격보어로 사용될 수 있다.

(3) a. Julio se puso contento cuando se enteró de que había ganado una beca.
훌리오는 그가 장학금을 받았다는 것을 알았을 때 기뻐했다.

b. El niño se puso {malo/enfermo}.
아이는 몸이 좋지 않았다/아팠다.

(GDLE: 2511-2512)

(3)에 사용된 형용사 contento(만족한), malo(병든), enfermo(아픈)는 estar동사와 함께 사용되어 일시적으로 발생한 상태를 나타낸다. ponerse동사는 심리상태의 변화를 나타내는 형용사(예를 들어, contento, alegre, serio, 등)나 신체상태의 변화를 나타내는 형용사(예를 들어, enfermo, colorado, pálido, 등)와 주로 사용된다.

세 번째로, volverse는 변화된 상태가 지속되는 경우를 나타내므로, ser동사와 함께 사용될 수 있는 형용사가 주격보어로 사용된다. 주로 사람의 성격이나 태도 등의 변화를 의미한다. 단, ser뿐만 아니라 estar동사와도 함께 사용될 수 있는 형용사의 경우는 volverse와 함께 사용될 수 있으며, 이 경우 지속적인 변화를 가리키는 의미로 사용된다. 그러나 estar와만 함께 사용되는 형용사는 volverse와는 어울리지 않는다.

(4) a. Te has vuelto muy escéptica.
너는 매우 회의적인 사람이 되었다.

b. *Se volvió contento/enamorado/descalzo.
만족해했다/사랑에 빠졌다/맨발이 되었다.

(NGLE: 2845)

(4a)에서 사용된 volverse escéptica는 "회의주의자가 되었다"는 지속되는 변화를 나타내는 표현으로 ser동사와 함께 사용되는 형용사의 사용이 가능하다. 그러나 (4b)에서 보듯이, volverse동사와 함께 사용된 contento, enamorado, descalzo는 모두 estar와만 함께 사용되는 형용사로 해당 문장들이 비문이 됨을 설명할 수 있다. 그리고 명사구 보어는 ser동사와만 함께 사용될 수 있기 때문에 다음과 같이 명사구가 volverse의 주격보어로 사용되는 것은 가능하다.

(5) a. Juan se volvió una persona contenta.
후안은 만족해하는 사람이 되었다.

b. *Juan se volvió contento.
후안은 만족하게 되었다.

b'. Juan se ha puesto contento.
후안은 만족하게 되었다.

(GDLE: 2512)

(5a)에서 volverse는 지속되는 변화를 표현하기 때문에 명사구 'una persona contenta'를 주격보어로 취할 수 있다. 그러나 (5b)에서 보듯이, volverse는 일시적으로 변화된 상태를 의미할 수 없기 때문에, 형용사 contento가 주격보어로 사용되는 경우는 비문이다. 따라서 contento를 주격보어로 표현하기 위해서는 (5b')와 같이 ponerse와 함께 사용해야 한다.

마지막으로, quedarse는 변화로 이루어진 결과적 상태를 표현하며 estar동사와 어울리는 요소를 주격보어로 취한다. 단, 의미적으로 quedarse는 일정 기간 유지되는 상태를 표현한다는 특징을 갖는다.

(6) a. Juan se quedó contento con el regalo que le hicieron.
후안은 그들이 그에게 준 선물에 만족해했다.

b. Juan se quedó {ciego/mudo} por muchos años.
후안은 수년간 앞을 보지 못했다/말을 하지 못했다.

c. El hombre se quedó quieto sin moverse mientras la enfermera le extraía sangre.
그 남자는 간호사가 그의 피를 뽑는 동안 움직이지 않고 차분하게 있었다.

(GDLE: 2512-2513)

(6a)에서 quedarse contento는 한 순간 만족했다는 의미가 아니라 "만족한 상태를 일정 기간 유지했다"는 의미를 표현한다. (6b)에서 quedarse {ciego/mudo}는 "앞이 보이지 않았다/말을 하지 못했다"는 의미이다. 이때 quedarse는 "수년간"의 의미를 표현하는 부사구 por muchos años와 함께 사용될 수 있다. (6c)에서는 간호사가 피를 뽑는 동안 "차분하게 있었다"는 의미이다. 즉, quedarse는 변화된 상태가 일정 기간 동안 유지된다는 의미를 표현하기 위해 사용된다.

ponerse와 quedarse는 모두 estar와 어울리는 표현과 사용될 수 있는 동사이지만 두 동사 사이에는 차이가 있다는 점에 주의하자. ponerse는 일시적 상태를 표현하고 quedarse는 변화의 결과적 상태를 표현한다. 이러한 의미적 특징 때문에 quedarse는 결과를 표현하는 seco, lleno, vacío 등의 형용사나 동사의 과거분사형과 함께 사용될 수 있다. 반면에, 변화된 일시적인 상태를 표현하는 ponerse는 이러한 형용사나 과거분사들과는 함께 사용될 수 없다.

(7) a. Me quedé sentado.
나는 앉아 있었다.

b. El cuarto se quedó vacío.
방은 비어 있었다.

(NGLE: 2842)

(8) a. *Los días se ponen alargados.
낮이 길어졌다.

b. *La ropa ya se puso seca.
옷은 이미 말랐다.

c. *El estadio se puso lleno.
경기장이 다 찼다.

(NGLE: 2842)

Tip!

형용사 중에는 ser동사뿐만 아니라 estar동사와도 함께 사용될 수 있는 형용사들이 존재한다. 이러한 형용사는 함께 사용되는 동사가 ser인지 estar인지에 따라 그 의미가 달라진다. 같은 맥락에서, 이러한 형용사가 volverse와 함께 사용되는지 혹은 ponerse와 함께 사용되는지에 따라서도 그 의미가 달라진다. 예를 들어, 형용사 borracho의 경우는 ponerse와 함께 사용되면 "(일시적으로) 술에 취한 상태가 되었다"는 의미이고 volverse와 함께 사용되면 그 변화가 영구적이라는 것을 의미하여 "술꾼이 되었다"라는 의미를 표현한다.

(i) a. Julio se puso borracho en la fiesta.
훌리오는 파티에서 술에 취했다.

b. Julio se volvió borracho y perdió el trabajo.
훌리오는 술꾼이 되어 직장도 잃었다.

(GDLE: 2512)

hora punta의 복수형은 horas punta인가요? horas puntas인가요?

『명사 + 명사』로 만들어진 표현에서 두 번째 명사는 의미적으로는 형용사와 유사한 기능을 하지만 형태적으로는 첫 번째 명사에 수(número)를 일치하지 않고 단수형으로 사용된다.

1. A: En esta autopista siempre hay atascos a estas horas.
   이 고속도로는 항상 이 시간대에 교통정체가 있어.

   B: Ya. Dicen que van a poner peajes más caros en horas punta.
   맞아. 피크타임에는 더 비싼 통행료를 징수할 거라는 말이 있어.

2. A: ¿Qué tengo que hacer para presentar el artículo?
   논문을 제출하기 위해 무엇을 해야 하나요?

   B: Deberán indicarse las palabras clave que caractericen el artículo.
   논문 내용을 특징짓는 키워드가 표시되어야 합니다.

스페인어에는 다음과 같이 명사와 명사가 전치사 없이 연결되어 하나의 복합 명사구를 이루는 구문이 존재한다.

(1) a. hora punta
러시아워, 피크 타임

b. falda pantalón
치마바지

c. ciudad dormitorio
베드타운

d. sofá cama
침대 겸용 소파

(1)의 구조를 『명사(N)1 + 명사(N)2』라고 할 때, N1이 나타내는 의미에 N2의 의미가 추가되어 정보가 덧붙여지게 된다. (1a)에서 N2인 punta는 "뾰족한 끝"을 의미하는 여성명사이며, hora punta는 "러시아워, 피크타임"의 의미가 만들어진다. (1b)에서 N2인 pantalón은 "바지"를 의미하는 남성명사이며, falda pantalón에서는 바지이면서 동시에 치마인 "치마바지"의 의미가 만들어진다. (1c)에서 N2인 dormitorio는 "침실"을 의미하는 남성명사이며, ciudad dormitorio는 잠만 자는 기능을 하는 도시인 "베드타운"을 의미하는 어휘가 된다. (1d)의 N2인 cama는 "침대"를 의미하는 여성명사이며, sofá cama에서는 침대이면서 동시에 소파인 "침대 겸용 소파"를 의미하는 어휘가 된다. 그러나 주의할 점은 『명사(N)1 + 명사(N)2』가 하나의 명사구를 이루지만 그 복수형을 표현할 때는 다음 (2)와 같이 명사 N1만이 복수로 사용되며 N2는 복수로 일치를 하지는 않는다는 점이다.

(2) a. horas punta
러시아워, 피크 타임

b. faldas pantalón
치마바지

c. ciudades dormitorio
베드타운

d. sofás cama
침대 겸용 소파

(2)에서 N2는 마치 형용사처럼 N1에 정보를 덧붙이는 역할을 하고 있지만 형용사와는 분명히 다른 명사이다. 따라서 N1이 복수가 된 경우에도 이에 일치하지 않는다.

N2가 N1을 수식하는 형용사적 기능이 있는지 알아보는 방법은 『N1 + ser + N2』로 계사구문(verbo copulativo)을 만들었을 때 N2가 N1의 주격보어로 기능할 수 있는지를 살펴보면 된다.

(3) a.*Las horas son puntas.
시간은 뾰족한 끝이다.

b. *Las faldas son pantalones.
치마는 바지이다.

c. *Las ciudades son dormitorios.
도시는 침실이다.

d. *Las sofás son camas.
소파는 침대이다.

(3)에서 보는 바와 같이, (1)의 구문에서 사용된 N2는 N1의 주격보어로 기능할 수 없다. 이 같은 사실은 N2가 의미적, 기능적으로 형용사와 유사할지

언정 형용사와 동일하지 않다는 것을 의미한다. 따라서 이러한 구조를 갖는 구문에서 N2는 N1에 수의 일치를 하지 않음을 설명할 수 있다. 『명사(N)1 + 명사(N)2』의 구조를 갖는 다른 예로서 café teatro(극장식 식당), coche bomba(폭탄차량), hombre rana(잠수부), niño prodigio(신동) 등이 있다 (NGLE 2009: 157). 또한 다음 (4)와 같이 동물의 수컷을 나타내는 macho, 암컷을 나타내는 hembra가 N2로 사용되는 구문이 존재한다.

(4) a. la pantera macho - las panteras macho
수컷 표범

b. el avestruz hembra - los avestruces hembra
암컷 타조

(NGLE: 157)

동물을 나타내는 명사 N1의 뒤에서 N2로 사용된 macho와 hembra의 경우에도 N1이 복수가 되어도 이에 복수로 일치하지 않고 항상 단수로 사용한다.

그러나 『명사(N)1 + 명사(N)2』구조의 복합 명사를 복수형으로 표현할 때 N1과 N2를 모두 복수로 나타내는 것이 가능한 구문도 존재한다. 다음 (5)의 구문들을 살펴보자.

(5) a. empresa líder - empresas líder - empresas líderes
선도 기업

b. palabra clave - palabras clave - palabras claves
키워드

c. estado miembro - estados miembro - estados miembros
회원국

d. país hermano - países hermano - países hermanos
우방국

(5)의 구문들은 복수가 될 때, N2가 단수인 것은 물론이거니와 복수로도 나타날 수 있음을 보여준다. 그렇다면 (5)에서처럼 N2가 복수로도 나타날 수 있는 구문들을 우리는 어떻게 구분할 수 있을까? 이에 대한 해답으로 앞서 (3)에서 살펴본 『N1 + ser + N2』구문 검증 방법을 적용해보자.

(6) a. Las empresas son líderes.
그 회사들은 선도 기업이다.

b. Las palabras son claves.
그 단어들이 핵심어다.

c. Los estados son miembros.
그 나라들이 회원국이다.

d. Los países son hermanos.
그 국가들은 우방국이다.

(6)에서 볼 수 있듯이 (5)의 N2인 líder, clave, miembro, hermano는 주어인 N1의 속성을 표현하는 주격보어로 기능할 수 있다. 즉, 이 경우 N2 명사들은 N1에 대한 주격보어로 기능하기 때문에 복수형이 가능하고, 따라서 (5)에서처럼 N2를 단수형으로 사용할 수 있을 뿐만 아니라, 복수형으로도 사용할 수 있다고 설명할 수 있다. 이와 같은 구조를 갖는 예로는, disco pirata(해적판 음반), país satélite(위성국가), programa piloto(시험 방송 프로그램), situación límite(극한 상황) 등이 있다(NGLE: 157).

N2에 색깔을 나타내는 명사가 사용되는 경우도 (5)와 같은 구조의 구문에 해당된다. 따라서 (7)과 같이 명사구의 복수형에서 N2를 단수 혹은 복수로도 사용할 수 있다.

(7) a. camisa rosa - camisas rosa - camisas rosas
핑크색 셔츠

b. falda malva - faldas malva - faldas malvas
자주색 치마

(NGLE: 157)

alguno가 부정문에 사용될 수 있나요?

형용사 alguno가 수식하는 명사 뒤에 위치하면 부정의(negativo) 의미로 사용될 수 있다. 이 경우 명사는 반드시 단수로 나타난다.

1. A: Señor Blanco, ¿tiene algún problema en hacerlo?
블랑코 씨, 그것을 하는데 무슨 문제가 있나요?

B: No, no tengo problema alguno. Puedo terminarlo en una hora.
아니요. 아무 문제없습니다. 한 시간 안에 끝낼 수 있습니다.

2. A: ¿Quién será el escritor más representativo de Argentina?
아르헨티나의 가장 대표적인 작가는 누굴까?

B: Es, sin duda alguna, Jorge Luis Borges.
의심할 여지없이, 호르헤 루이스 보르헤스지.

대표적 부정(indefinido) 형용사인 alguno와 ninguno는 그 쓰임새를 달리하여 기본적으로 alguno는 긍정문에 그리고 ninguno는 부정문에 사용된다.

(1) a. Vinieron algunas personas.
몇 명의 사람들이 왔다.

b. No hay ningún impedimento por mi parte.
내 편에서는 아무런 장애물도 없다.

(DPD: 38)

그러나 <대화 1, 2>에서 볼 수 있듯이 alguno가 부정문에 사용되는 경우가 있다. alguno가 부정문에 사용될 수 있는 이유는 역사언어학적 근거와 관련이 있다. 구체적으로, alguno는 라틴어 aliquis에서 유래된 단어로서 중세까지는 긍정어(algo/alguien)와 부정어(nada)로 모두 사용되다가 17세기 이후로는 명사 뒤에서만 부정의 의미로 사용되기 시작했다. 이 같은 변화는 현대 스페인어에 이르러 명사 앞에서 긍정어, 명사 뒤에서는 부정어로 기능하는 모습으로 정착된다. 다음 문장들을 살펴보자.

(2) a. No tendrás dificultad alguna para aprobar tu examen.
너는 시험에 합격하는데 아무런 어려움도 없을 거야.

b. No he visto película alguna esta semana.
이번 주에는 아무런 영화도 못 봤다.

c. La asamblea no planteó problema alguno a la propuesta.
의회는 그 제안에 아무런 문제도 제기하지 않았다.

(GDLE: 2564, 2597)

(2)에서 보듯 부정의(negativo) alguno는 반드시 명사 뒤에 위치하며 단수 명사만 수식한다. 단수 명사만 수식하는 이유는 부정어 alguno가 사용된 명사구는 의미적으로 존재하지 않는 것(inexistencia)이고 따라서 복수형이 불

가능하다.[9]

(3) *No hay soluciones algunas para ese dilema.
그 딜레마에는 아무런 해결책도 없다.

(GDLE: 2597)

한편 명사 뒤에 위치하여 부정의 뜻을 나타내는 alguno는 모든 경우에 있어서 ninguno로 바꾸어 표현할 수 있다. 이 경우 ninguno는 명사 앞 또는 뒤에 모두 위치할 수 있다.

(4) a. Salí de casa sin ningún dinero.
(=Salí de casa sin dinero alguno)
돈 한 푼 없이 집에서 나왔다.

b. No me ha acompañado ningún amigo.
(=No me ha acompañado amigo alguno)
어떤 친구도 나를 동행하지 않았다.

(GDLE: 2733; DPD: 455)

9) 부정의(negativo) 의미를 나타내는 ninguno의 경우도 단수 명사를 수식해야 한다.

i) a. No hay ninguna solución para ese dilema.
b.*No hay ningunas soluciones para ese dilema.
그 딜레마에는 아무런 해결책도 없다.

드물긴 하지만 ninguno가 복수 형태를 띠는 경우가 있는데, 이는 단수를 의미하는 복수 명사나 굳어진 표현의 복수 명사를 수식하는 경우로 한정된다.

ii) a. No tengo ningunas gafas con esa forma.
나는 그런 형태의 안경은 없다.

b. No tengo ningunas ganas de ir al cine.
나는 영화관에 가고 싶은 생각이 전혀 없다.

(DPD: 455)

(5) a. No hay problema ninguno ahí.
거기에는 아무 문제도 없다.

b. No tuve dificultad ninguna para irme a estudiar a La Laguna.
나는 라 라구나로 공부하러 떠나는데 어떤 어려움도 없었다.

(CREA)

alguno와 alguien의 차이는 무엇인가요?

alguno는 "~중에 누구/몇몇"을 표현하는 부분격 명사로 사용될 수 있지만 alguien은 부분격을 표현할 수 없다.

1. A: ¿Hay alguien que sepa de lo sucedido?
벌어진 일에 대해 아는 사람이 있나요?

B: Si alguno de ellos quiere informarse de lo que ocurrió ayer, pueden pasar por mi despacho.
만약 어제 벌어진 일에 대해 누군가 알고 싶으시다면 제 사무실에 들르면 됩니다.

alguno는 부정(indefinido) 형용사로 사용될 뿐만 아니라, 대명사로도 사용될 수 있다. 대명사로 사용되는 경우 alguno는 항상 긍정문에 사용되고 그 의미는 "~중에 누구/몇몇"이라는 뜻의 부분격(partitivo) 명사로 사용된다.

(1) a. ¿Ud. conoce a alguno de ellos?
당신은 그들 중 누군가를 아시나요?

b. Sin embargo, alguno de los testigos exculpó a las empresas emisoras.
그럼에도 불구하고, 증인들 중 누군가가 방송사의 죄가 없음을 증명했다.

(CREA)

부분격과 관련하여 alguno는 또 다른 대명사 alguien과 대조를 보인다. 즉, (2)에서 보듯이 alguno는 부분격으로 사용되지만 alguien은 부분격으로의 사용이 불가하다.

(2) a. *alguien de vosotros/ *alguien de ustedes/ *alguien de los asistentes

b. alguno de vosotros/ alguno de ustedes/ alguno de los asistentes
너희들 중 누군가 당신들 중 누군가 참석자들 중 누군가

(DPD: 38)

한편, (2)에서 본 문법성의 차이는 ninguno와 nadie 간에도 동일하게 나타난다.

(3) a. *nadie de nosotros/ *nadie de los presentes

b. ninguno de nosotros/ ninguno de los presentes
우리들 중 아무도 참석자들 중 아무도

(DPD: 452)

(3a)와 같이 nadie는 "~중의 아무도 (~않다)"의 의미로는 사용될 수 없으며, 이러한 부분격의 의미를 표현하기 위해서는 (3b)와 같이 ninguno를 사용해야 한다.

『alguno/ninguno de + 복수명사』의 구조로 alguno와 ninguno가 부분격으로 사용될 때 복수명사의 성에 따라 alguno(a)/ninguno(a)로 성의 일치를 하며, 의미에 따라 algunos(as)처럼 복수형으로도 사용될 수 있다.

(4) a. Supone que algunas de las cosas que hacemos están bien.
그는 우리가 하는 일들 중 어떤 일들은 잘 되고 있다고 생각한다.

b. Por supuesto que ninguna de las explicaciones así expresadas es falsa.
당연히 그렇게 표현된 설명들 중 그 어떤 것도 거짓이 아니다.

(CREA)

nunca와 jamás의 차이가 있나요?

jamás는 nunca보다 부정의 의미가 더 강조된 부정어(palabras negativas)이며 nunca를 강조하는 수식어로도 사용된다.

1. A: Eres tú el que se lo dijo a Carmen.
카르멘에게 그것을 말했던 사람이 바로 너지.

B: No. Yo nunca se lo dije, nunca jamás.
아니야. 나는 전혀 말하지 않았어. 절대로.

부정어 jamás는 형태론적으로 볼 때 다른 부정어들(nadie, nada, nunca, ni, ninguno)과는 다른 모습이다. 이는 jamás가 라틴 부정어(nec, non, nunquam)에서 기원하지 않았음을 보여주는 증거이기도 하다. jamás는 어원적으로 'ya más'에서 비롯되었다. 따라서 원래는 긍정문에 사용되다가 점차 부정어 nunca를 강조하는 수식어로 많이 사용하게 되었고 오늘날에는 단독 부정어로 사용하게 되었다. jamás가 nunca의 수식어로 사용되었다는 사실은 'nunca jamás'의 어순이 'jamás nunca'보다 훨씬 더 일반적 어순이라는 이유를 설명해 준다.

jamás는 nunca와 동일하게 강한 부정의 뉘앙스를 표현하는 부정어이지만, 엄밀하게 말하면 nunca보다 jamás가 더 강한 의미를 갖는다. 이는 다음의 대화에서도 나타난다.

(1) A: ¿No te cansas?
안 피곤해?

B: ¡Nunca!
전혀!

A: ¿No?
아니라고?

B: ¡Jamás!
절대 안 피곤해!

(1)의 대화의 흐름에서 보듯 jamás는 nunca보다 부정을 더 강조하는 기능을 갖고 있음을 알 수 있다. jamás의 강조의 의미는 실제 발음을 할 때도 나타나 nunca보다 더 힘을 주어 강하게 단정적으로 발음하는 경향이 있다.

또한 nunca는 부사 casi가 수식하는 'casi nunca'의 형태로 "전혀 아니다"라는 부정의 의미에 긍정의 가능성을 조금 열어두는 의미를 표현할 수 있다. 그러나 jamás의 경우는 완전한 부정의 의미를 표현하여 *casi jamás라는 표현은 사용하지 않는다.

(2) a. ... casi nunca se cuelga el cartel de "no hay billetes", ...
"표 없음"이라는 표지판이 걸리는 일은 거의 없다.

b. ... la gente que a mí me ha querido, a esa nunca jamás la voy a olvidar.
나를 좋아해주었던 사람들, 나는 그들을 절대 결코 잊지 않을 것이다.

(CREA)

SÁBADO 11 DOMINGO 12 de enero de 2020
» Nueva época » Año 11 Número 3301

De fin de semana

TIROTEO EN COLEGIO DE TORREÓN

"Jamás nos imaginamos que algo así pudiera ocurrir aquí"

지시형용사는 명사 앞에만 사용되나요?

지시형용사는 일반적으로 명사의 앞에 사용된다고 설명하지만, 어떤 경우는 명사의 뒤에도 사용될 수 있다. 명사의 뒤에 사용되는 경우는 '이, 그, 저'와 같은 지시성(deixis)의 의미는 없으며 담화 상에서 화자의 거리감(distancia), 빈정거림(ironía), 경멸(menosprecio) 등의 뉘앙스를 강조하여 표현한다.

1. A: Oye, un hombre quiere verte. Está en la sala de espera.
이봐, 어떤 남자가 너를 보고 싶어 하는데. 대기실에 있어.

B: Es que el hombre ese quiere venderme un coche. Dile que estoy muy ocupado.
그 작자는 나한테 차를 팔고 싶어 하는 거야. 그 사람한테 나 바쁘다고 말해.

2. A: Este año he gastado todos los ahorros que tenía.
올해 내가 갖고 있던 모든 저금을 다 썼어.

B: Para comprar tu coche ese has tirado la casa por la ventana.
그놈의 차 사느라고 그 많은 돈을 다 쏟아 부었구나.

관사는 항상 명사의 앞에 위치하고, 소유사(posesivo)는 명사의 앞에 위치하는 전치형과 명사의 뒤에 위치하는 후치형이 있다. 지시사(demostrativo)는 한정성(definitud)과 지시성(deixis)의 의미적 특성을 표현하며 명사의 앞에 위치하여 관사와 유사한 기능을 한다.

(1) a. El hombre
그 남자

b. Una casa grande
큰 집

c. Mis libros
나의 책들

d. Los libros míos
나의 책들

e. Este coche
이 자동차

그런데 일반적으로 명사의 앞에 위치한다고 보는 este, ese, aquel과 같은 지시사가 명사의 뒤에서도 사용될 수 있다는 점에 주의하자. 다음의 예를 살펴보자.

(2) a. Los tipos estos sí que eran ciento por ciento increíbles.
그런 작자들은 정말 백 프로 믿을 수 없는 이들이야.

b. ¡Qué puntilloso nos ha salido el canónigo este!
그 사제는 별일 아닌 일에 우리한테 화를 내.

c. Freddy decía que sí, sencillamente, sisí, sisí, sin dejar ni un momento la sonrisa esa.
프레디는 단 한 순간도 그놈의 미소를 멈추지 않고 그저 네네, 네네만 했어.

(NGLE: 1302-1303, 1514)

(2)에서 보는 바와 같이, 지시사 estos, este, esa가 명사의 뒤에서 사용되는 것이 가능하다. 일반적으로 명사의 앞에 지시사가 사용될 때는 “이, 그, 저”와 같이 화자와 청자 사이의 거리를 바탕으로 지시의 의미를 표현하였다. 그러나 (2)와 같이 지시사가 명사의 뒤에 사용되는 경우에는 그러한 지시성의 의미는 표현하지 않으며, 명사에 대해 강조의 의미를 표현하는 역할을 하게 된다. 즉, (2a)에서는 “바로 그런 작자들”, (2b)에서는 “바로 그 잘난 사제”, (2c)에서는 “바로 그놈의/그 잘난 미소”와 같이 해석된다. 이때 지시사는 담화 상에서 화자의 거리감(distancia), 빈정거림(ironía), 경멸(menosprecio) 등의 뉘앙스를 강조하여 표현한다. 지시사 este, ese, aquel이 모두 사용될 수 있고, 명사는 사람과 사물의 명사가 모두 사용될 수 있다. 이와 같이 명사의 뒤에 지시사가 사용되는 구문에서 명사의 앞에는 반드시 정관사가 동반되어야 하며, 많지는 않지만 명사의 앞에 소유사를 동반하기도 한다. 이는 명사의 뒤에 사용되는 지시사는 지시성의 의미는 없지만 한정성의 의미는 여전히 내포하고 있기 때문이며, 따라서 명사의 앞에는 정관사나 소유사를 사용할 수 있으며, (3)과 같이 부정관사나 수사(numerales), 부정사(indefinidos) 등은 사용할 수 없다.

(3) a. *un libro este
이 한 권의 책

b. *dos libros aquellos
저 두 권의 책

c. *algunas muchachas esas
그 어떤 소녀들

(NGLE: 1302)

만약 명사의 뒤에 명사를 수식하는 다른 수식어를 덧붙여 표현하는 경우에는 지시사가 먼저 명사를 수식하고 다른 형용사나 절은 그 다음에 사용되어야 한다.

(4) a. En eso alguien detiene a la mujer esa tan rara.
그 점에서 누군가가 바로 그 이상한 여자를 체포해 놓은 것입니다.

b. Quién sabe si volveré a ver con mis ojos la tierra esta en la que nací y me crié.
내가 태어나고 자랐던 바로 그 잘난 땅을 내 눈으로 다시 볼게 될지 누가 알겠어.

(NGLE: 1304)

Hay 동사 구문의 명사구에는 정관사를 사용할 수 없나요?

존재를 표현하는 hay 동사 구문에는 일반적으로 관사 없는 명사구나 mucho, alguno, varios와 같은 부정(indefinido) 형용사, 수사(numeral), 부정관사 등을 동반한 명사구가 사용되는 것으로 알려져 있지만 정관사가 사용되는 경우도 있다. 이때 정관사는 한정적(definido) 의미가 없으며 수량 또는 최상급을 표현한다.

1. A: ¿Qué pasó anoche?
어젯밤에 무슨 일이 있었던 거야?

B: Hubo un/*el terremoto en el pueblo.
마을에 지진이 발생했었어.

2. A: Pedro va a aprobar el examen, ¿verdad?
페드로가 시험에 합격하겠지, 그렇지?

B: No hay la menor duda de eso.
거기에는 추호의 의심도 없어.

<대화 1>에서 보듯 hay 구문에 정관사가 사용된 경우는 일반적으로 비문법적 문장이 된다. 정관사 el이 명사 terremoto(지진)에 한정적(definido) 의미를 부여하기 때문이다. 그러나 <대화 2>에서는 hay 구문이지만 정관사 la가 사용된 명사구 la menor duda를 볼 수 있다. 이는 hay 구문에도 정관사가 사용될 수 있음을 의미하는 것으로 중급 및 고급 수준의 학습자들에게는 원리적 설명이 필요한 부분이다.

이와 같은 현상에 대해 NGLEM(2010: 288)는 hay 구문에 사용된 정관사의 경우는 의미를 특정하거나 한정하는 기능을 갖지 않으며, 대신 수량이나 정도를 표현하는 이른바 양화(cuantitativo) 기능을 하는 정관사가 올 수 있다고 설명한다. 다음의 예문들을 살펴보자.

(1) a. Había el doble de concurrentes.
두 배의 참가자들이 있었다.

b. En ese cuaderno hay la información suficiente para que podáis prever los golpes que se están preparando.
그 노트에는 준비 중인 공격을 너희들이 미리 알 수 있도록 충분한 정보가 들어 있다.

(NGLEM: 288)

(1)에서 정관사 el과 la는 수량을 나타내는 어휘 doble(두 배)와 suficiente(충분한)에 각각 연결되어 수량 및 정도의 의미를 표현하고 있기 때문에 hay 구문에 사용될 수 있다. 동일한 관점에서 최상급에 사용된 정관사가 hay 구문에 나타날 수 있음을 설명할 수 있다.

(2) a. No hay el menor indicio de culpabilidad.
유죄에 대한 최소한의 단서도 없다.

b. Allí había la gente más rara que te puedes imaginar.
거기에는 네가 상상할 수 있는 가장 이상한 사람들이 있었어.

(GDLE: 816)

(2)에서 볼 수 있듯이 최상급(superlativo) 명사구 『정관사 + menor/mayor/mejor/peor + 명사』, 『정관사 + 명사 + más/menos + 형용사』에 사용된 정관사는 '가장 ~한'이란 뜻으로 최상급을 표현한다. 이 경우 정관사는 특정적 의미를 나타내는 것이 아니라 수량 및 정도를 표현하는 것이고, 따라서 hay 구문에 사용될 수 있다고 설명할 수 있다.

일반적으로 hay 구문은 uno, alguno, ninguno같은 부정대명사(pronombre indefinido) 및 수사(numeral)와 함께 나타날 수 있는 것으로 알려져 있다. 그러나 아래 예문들에서 볼 수 있듯이 어떤 경우에는 부정대명사가 hay 구문에 사용될 수 없다.

(3) a. *Hay uno de los libros en la mesa.
탁자에 그 책들 중 한 권이 있다.

b. *Hay algunas de las personas en el parque.
공원에 그 사람들 중 몇 명이 있다.

(NGLEM: 288, 366)

(3)의 예문들은 부분격(partitivo) 구문이다. 즉, '전체 중의 일부'를 표현하는 구문으로 전체를 나타내는 명사구 los libros와 las personas가 이미 한정적 의미를 표현하기 때문에 그 일부인 uno와 algunas도 한정적 의미를 갖는다. 따라서 이 경우 (3)에서처럼 hay 동사와 함께 사용될 수 없다. 잘 알려져 있듯이 한정적 명사구는 estar 동사와 함께 사용하여 존재 구문을 형성한다.

(3)의 uno와 algunas가 한정적 의미를 갖는다는 설명은 이들이 estar 동사와 사용되는 경우 문장이 문법적으로 변한다는 사실을 통해 증명될 수 있다.

(4) a. Uno de los libros está en la mesa.
그 책들 중 한 권이 탁자에 있다.

b. Están algunas de las personas en el parque.
그 사람들 중 몇 명이 공원에 있다.

¿Hay alguna farmacia cerca de aquí?에서 명사구 alguna farmacia는 문법적으로 주어가 아니라 목적어이다. 그 증거로 위의 질문에 대한 대답으로 'Sí, hay una en esta calle.'라고 말할 수도 있고 'Sí, la hay en esta calle.'에서 처럼 목적대명사 la로 나타낼 수도 있다. 즉, alguna farmacia가 la로 표현될 수 있다는 것은 hay 동사의 목적어라는 증거이다. 따라서 hay와 명사구 간에 (주어-동사) 일치 현상이 일어나지 않는 이유를 자연스럽게 설명할 수 있다. hay 동사 뒤에 나타나는 명사구는 주어가 아니라 목적어이기 때문이다.

entre와 hasta는 예외적으로 주격 인칭대명사를 취하는 전치사인가요?

전치사 entre가 주격 인칭대명사와 함께 오는 것은 예외적인 전치사라서가 아니라 접속사 y 때문이고 hasta가 주격 인칭대명사와 함께하는 경우는 전치사가 아닌 부사이기 때문이다.

1. A: ¿Puedes decirme todo lo que te pasó con ella?
그녀와의 사이에 너에게 벌어진 모든 일을 내게 말해 줄 수 있어?

B: Claro, entre tú y yo no hay secretos.
물론이야. 너와 나 사이에는 비밀이 없어.

2. A: ¡Jaime! Hasta tú me has engañado, ¿verdad?
하이메! 너까지 나를 속였어, 그렇지?

B: No, no. ¡Tranquilízate! Ahora te voy a explicar lo que ha pasado.
아니야. 아니야. 진정해! 벌어진 일을 지금 너한테 설명할게.

전치사 entre는 기본적으로 복수 명사를 취한다. 의미적으로 "~중에/~사이에"라는 뜻을 표현하기 때문이다. 복수 명사가 아닌 경우는 접속사 y를 사용하여 복수 명사구를 만들어 전치사 entre와 연결해야 한다.

(1) a. Se sentó entre sus hermanos mayores.
그는 자기 형들 사이에 앉았다.

b. Lo puso entre la mesa y el sofá.
탁자와 소파 사이에 그것을 놓았다.

(DPD: 263)

특이한 점은 1인칭, 2인칭 단수 대명사가 y로 연결될 때 나타난다. <대화 1>에서 볼 수 있듯이 entre tú y yo를 사용해야 하고 *entre ti y mí는 비문법적 표현이 된다. 다른 전치사들이 de ti, en mí, para ti, sobre mí 등에서 볼 수 있듯이 전치격 인칭대명사 ti와 mí를 취한다는 점에서 entre의 경우는 예외적이라고 설명할 수도 있다. 그러나 이 같은 설명은 전치사 entre를 예외적으로 취급해야 한다는 설명적 부담감뿐만 아니라 decir/hablar entre mí/ti/sí(나/너/그가 혼자 말하다)의 경우처럼 전치격 인칭대명사가 entre와 함께 오는 경우에는 적용할 수 없다는 단점을 포함한다.

(2) a. Decía entre mí: Es una tragedia.
난 속으로 말했다. "그것은 비극이야"

b. Nadie le oyó porque hablaba entre sí.
그가 혼잣말을 했기 때문에 아무도 그의 말을 듣지 못했다.

(GDEA: 932; DPU: 494)

그렇다면 <대화 1>과 (3)에서 볼 수 있는 주격 인칭대명사의 출현을 우리는 어떻게 설명할 수 있는가? 이에 대한 대답은 접속사 y와 전치격 인칭대명사의 특성에서 찾을 것이다.

(3) a. Esta es la diferencia entre tú y yo.
이것이 너와 나의 차이이다.

b. Nada se interpone entre tú y la muerte.
너와 죽음 사이에는 아무 것도 끼어들지 못한다.

(DPD: 263)

스페인어 대명사들 중 일부는 형태·통사적(morfosintáctico)으로 의존적인 성격을 갖고 있다. 예를 들어 목적격 대명사(me, te, se, le(s), lo(s), etc.), 소유격대명사 전치형(mi, tu, su, etc.) 그리고 일부 전치격 대명사(mí, ti, sí)들은 (4)에서 보듯 항상 의존 요소와 함께 출현해야 한다.

(4) a. -¿A quién quiere Juan? -Te quiere./ *Te.
후안은 누구를 좋아하니? 너를 좋아해/ 너를

b. -¿De quién es este libro? -Es mío./ *Es mi.
이 책은 누구 거니? 내거야/ 내...

c. -¿En quién confía Ud.? -En ti./ *Ti.
누구를 신뢰하십니까? 너를/ 너...

(4a)에서 목적격 대명사 te는 의존요소인 동사와 함께 나타나고 (4b)의 소유격 대명사 전치형 mi는 수식하는 명사와 함께 나타나야 함을 알 수 있다. 동일한 관점에서 (4c)의 전치격 대명사 ti도 반드시 의존요소인 전치사와 함께 나타나야 함을 알 수 있다.

한편 대등접속사 y는 형태·통사적으로 독립적인 요소들을 이어주는 접속사다. 따라서 의존적 요소인 목적격 대명사는 접속사 y로 연결될 수 없음을 예상할 수 있으며 (5b)의 비문법성은 이 같은 특성을 잘 보여준다.

(5) a. Juan trajo el coche y la moto.
후안은 차와 오토바이를 가져왔다.

b. *Juan lo y la trajo.
후안은 그것과 그것을 가져왔다.

(GDLE: 1256)

(5b)의 비문법성은 의존적 성격의 목적격 대명사 lo와 la를 대등접속사 y로 연결했기 때문에 발생한다. 즉, (5a)의 [el coche y la moto]는 가능한 구조이지만 (5b)의 [lo y la]는 비문법적 구조라는 설명이다. 동일한 분석을 (3)의 예문에 적용한다면 접속사 y를 사용한 『entre [A y B]』구문에 왜 ti나 mí 대신 주격 인칭대명사 tú와 yo가 사용되었는지를 설명할 수 있다. 즉, 의존적 요소인 ti와 mí를 y로 연결한 entre [ti y mí]는 비문법적 구조가 되고 독립적 요소인 tú와 yo를 사용한 entre [tú y yo]는 문법적 구조라는 설명이 가능하다. 한편 이 같은 설명은 앞서 (2)의 예문들에서 전치사 entre가 전치격 대명사 mí와 sí를 취할 수 있는 이유까지도 설명할 수 있다. 구체적으로 설명하자면 (2)의 'entre mí'와 'entre sí'는 접속사 y를 동반하지 않기 때문에 'de mí'나 'por sí'처럼 일반적으로 전치사들이 취하는 『전치사 + 전치격 대명사』구조를 형성한 것이라고 설명할 수 있다.

결론적으로 <대화 1>과 (3a)에서 볼 수 있는 entre tú y yo는 전치사 entre의 예외적 특성에서 비롯된 현상이 아니라 접속사 y가 전치격 인칭대명사 ti와 mí를 연결할 수 없기 때문에 tú와 yo로 나타나는 현상이라고 설명할 수 있다.

이제 hasta의 경우를 살펴보자. DPD(2005)에 따르면 hasta는 전치사(preposición)와 부사(adverbio)의 두 가지 기능을 수행한다. 전치사로서 hasta는 시간, 공간 그리고 수량과 관련된 한계(límite)를 표현할 때 사용된다.

(6) a. No lo tendré listo hasta el viernes.
금요일까지 그것을 준비해 놓지 못할 것이다.

b. Corrió hasta la casa.
집까지 달렸다.

c. Contaré hasta veinte.
20까지 셀 것이다.

(DPD: 335)

분명히 알아야 할 것은 (7)에서 보듯 전치사 hasta는 다른 전치사들과 마찬가지로 인칭대명사를 취할 때 반드시 전치격 대명사를 요구한다는 것이다.

(7) a. Fue largo el camino hasta ti.
너에게까지 가는 길이 길었다.

a. Llegaron hasta mí.
그들은 내가 있는 곳에 도착했다.

b. Vino hasta mí y me besó.
그는 내게 왔고 내게 키스했다.

(GDLE: 559; DPD: 335)

그렇다면 <대화 2>의 Hasta tú me has engañado라는 문장에서 hasta는 왜 주격 인칭대명사 tú와 연결되어 있는가?라는 의문이 생긴다. 그리고 이 같은 문장들은 (8)에서 보듯 어렵지 않게 찾아 볼 수 있다.

(8) a. Hasta yo me encuentro confuso.
   나조차 혼란스럽다.

   b. Te lo voy a explicar para que hasta tú lo entiendas.
   너까지도 그 일을 이해할 수 있도록 설명해 줄게.

(8)에서 hasta는 주격 인칭대명사 yo, tú와 함께 온다. 그리고 이 같은 예문들 때문에 일부 학습자들은 hasta가 다른 전치사와는 달리 주격 인칭대명사를 취한다고 생각할 수도 있다. 그러나 이는 전치사 hasta와 부사 hasta를 구분하지 않음으로서 생겨난 오해다. 즉, (7)의 예문들에서 hasta는 전치사로 사용되고 있지만 (8)에서는 부사로 사용되어 "~까지도, ~조차도(incluso)"라는 의미를 표현한다. 만약 (8)에 주격 인칭대명사 대신 mí와 ti를 사용한다면 문장은 주어가 없어져 비문법적 문장이 될 것이다.

hasta가 부사로 기능하는 경우는 (9)에서 보듯 다른 전치사와 함께 출현하는 예문들을 통해 다시 한 번 확인할 수 있다. 다른 전치사와 함께 올 수 있다는 것은 hasta가 전치사가 아닌 부사로 기능한다는 증거이기 때문이다.

(9) a. Lo veo hasta en la sopa.
   스프 속에서도 그것을 보았다.

   b. Lleva gabardina hasta en verano.
   여름에 조차도 바바리를 입는다.

   c. Aquí hay que pedir permiso hasta para toser.
   여기에서는 기침하는 것까지도 허락을 받아야만 한다.

(GDLE: 575)

결론적으로, hasta가 주격 인칭대명사와 함께 오는 (8)의 경우와 전치사구와 함께 오는 (9)의 경우는 부사로 사용된 것이고 (7)에서처럼 전치사로 기능하는 경우는 반드시 전치격 인칭대명사를 취함을 알 수 있다.

LA NACION

Miércoles 6 de febrero de 2019

Juntos contra el delito.
Cada vez más vecinos se unen en las redes para cuidarse entre sí

Ítem 26

¿Y Isabel?일까요? ¿E Isabel?일까요?

대등 접속사(conjunción coordinante) y가 문장을 시작할 때 사용되어 의문문을 이끄는 부사적 요소로 기능할 때, 뒤따르는 요소의 발음이 [i-]로 시작되더라도 형태 변화 없이 y로 사용된다.

1. A: ¿Dónde están Pedro e Irene?
페드로와 이레네는 어디에 있어?

B: En el patio.
마당에 있어.

A: ¿Y Isabel?
그럼 이사벨은?

B: Está en la cocina.
주방에 있어.

스페인어에서 두 요소 A, B를 등위 연결하여 "A와 B"를 표현하는 경우 접속사 y를 사용하여 'A y B'로 표현한다. 그리고 y로 연결할 때 뒤따르는 요소 B의 발음이 [i-]로 시작되는 경우에는 발음상의 부조화(cacofonía)를 피하기 위해 y를 e로 철자를 바꾸어 사용한다.

(1) a. Juan y Pedro
후안과 페드로

b. padre e hijo
아버지와 아들

그러나 다음과 같이 의문문에서 문장을 시작할 때 사용되는 Y는 앞서 제시된 의문사의 의미를 내포하여 ¿Dónde?, ¿Cómo? 등의 부사적 의미를 갖는다. 이 경우에는 이어지는 단어의 발음이 [i-]로 시작되는 경우에도 철자를 e로 바꾸지 않고 그대로 'y'로 사용한다.

(2) A: ¿Cómo está Marta?
마르타는 좀 어떠니?

B: Bien. Está mejor.
좋아. 훨씬 나아졌어.

A: ¿Y Isabel?
그럼 이사벨은?

B: Ella aún está enferma.
그녀는 아직도 아파.

그러나 의문사의 부사적 의미를 갖지 않는 평서문의 문장이 등위 연결의 접속사로 문장을 시작하는 경우는 e로 철자를 바꿔야 한다.

(3) a. E Irene se fue sin decir nada.
그리고 이레네는 아무 말도 없이 떠났다.

b. -Vendrán también Juan y María.
후안과 마리아도 올 거야.

-E Ignacio, no te olvides.
그리고 이그나시오도. 잊지 마.

(OLE: 77)

한편, 등위 접속사 y는 뒤따르는 단어가 ie- 혹은 hie-로 시작하고 e에 강세가 위치하는 경우 철자를 e로 바꾸지 않는다. 왜냐하면 이 경우 ie-와 hie-는 [ye]와 유사한 소리로 발음되기 때문이다. 현대 스페인어에는 ie-로 시작되는 단어가 없기 때문에 사실상 hie-로 시작되는 단어들에 적용되는 철자법이다.

(4) a. madera y hierro
목재와 철

b. agua y hielo
물과 얼음

(OLE: 77)

단, 뒤따르는 단어의 철자가 i- 혹은 hi-의 다음에 모음 a나 o로 연결되는 경우는 등위 접속사 y와 e의 형태가 모두 사용될 수 있다. 예를 들어 hiato(모음 분리현상)나 ion(이온)과 같은 단어들의 경우 모음 연속체 -ia-, io-를 이중모음(diptongo)으로 볼 수도 있고 두 개의 모음으로 음절 분리할 수도 있다. 이때 -ia-, io-를 이중모음으로 보면 hi-, i-의 발음이 음소 /y/와 유사한 소리, 즉 [yá-to], [yón]으로 발음되기 때문에 등위 접속사 y는 형태의 변화가 없다. 반면에 -ia-, io-를 두 개의 모음으로 분리하면 [i-]로 발음되어 [i-á-to], [i-ón]이 되기 때문에 등위 접속사 y는 e로 형태를 바꾸어야 한다.

(5) a. diptongo y hiato
a'. diptongo e hiato
이중모음과 음절분리
b. moléculas y iones
b'. moléculas e iones
분자와 이온

(OLE: 77)

등위 접속사의 철자를 바꾸는 것은 형태의 문제가 아니라 발음의 문제이기 때문에, 만약 외래어를 연결하는 경우라면 그 철자가 i-, hi-로 시작한다고 할지라도 발음이 [i-]로 소리 나는 경우가 아니라면 y의 철자를 e로 바꾸지 않는다는 점에 주의하자. 또한 철자는 i-, hi-로 시작하지 않아도 외래어가 [i-]로 발음되는 경우에는 철자를 e로 바꾸어야 한다.

(6) a. Franco y Hitler
a'. *Franco e Hitler
프랑코와 히틀러
b. Iberia e Easyjet
b'. *Iberia y Easyjet
이베리아와 이지젯
c. Escriba su teléfono e e-mail.
당신의 전화번호와 이메일을 적으세요.

(OLE: 77; RAE[10])

10) https://www.rae.es/consultas-linguisticas/preguntas-frecuentes

SECTUR
CONACULTA
QUEJAS
e Inconformidades

'Carla y/o Olga' 일까요? 'Carla y/u Olga' 일까요?

영어에서 사용되는 'A and/or B'를 스페인어로 표현할 때 연결 접속사 y와 o를 함께 사용하는 표현 'y/o'를 피하고, 대신『A o B o ambos(as)』를 사용할 것을 권한다.

1. A: ¿Qué plan tienes para el futuro?
미래에 대한 어떤 계획이 있어?

B: Um... pienso en construir hoteles en España o México o ambos.
음... 스페인이나 멕시코 혹은 두 나라 모두에 호텔을 세울까해.

영어에서 많이 사용되고 있는 'A and/or B'의 표현을 스페인어에도 그대로 적용한 'A y/o B'의 표현을 많이 접할 수 있다. 이 표현은 연결어 y와 o가 함께 사용되어 "A와 B 모두, 혹은 A나 B"를 의미한다. 이때 연결어 o는 A와 B 둘 중 어떤 것이어도 상관없다는 의미를 표현하는 것이며, A나 B 중 하나를 배제한다는 의미를 표현하는 것은 아니다.

(1) Se necesitan traductores de inglés y/o francés.
영어와 불어 모두, 또는 영어 혹은 불어를 번역할 사람을 필요로 한다.

(Diccionario de internet de RAE)

그리고 뒤 따르는 단어의 철자가 o-, ho-로 시작하는 경우 y/o의 o를 u로 바꾸어야 한다.

(2) Los hábitos de fumar, de consumir alcohol y/u otras drogas son enemigos de la paz interior.
흡연 습관, 술과 다른 마약을 모두 먹거나 술 또는 다른 마약을 먹는 습관은 마음의 평화에는 적이다.

(CREA)

그러나 DPD(2005)는 매우 기술적인(técnico) 문서에서 특별히 혼동을 피하기 위해 사용해야 하는 경우가 아니라면 이 표현의 사용을 추천하지 않는다고 언급한다. 스페인어로는 『A o B o ambos(as)』로 풀어서 표현하는 것이 좋다고 권고한다. 그 의미는 "A 또는 B 혹은 둘 다"로 해석할 수 있다. 따라서 앞서 제시된 (1), (2)의 예는 다음과 같이 사용하는 것을 추천한다.

(3) a. Se necesitan traductores de inglés o francés o ambos.
영어 혹은 불어 또는 영어와 불어를 모두 번역할 사람을 필요로 한다.

b. Los hábitos de fumar, de consumir alcohol u otras drogas o ambos son enemigos de la Paz Interior.
흡연 습관, 술이나 다른 마약을 먹거나 또는 술과 다른 마약을 모두 먹는 습관이 마음의 평화에는 적이다.

"Me has pisado el pie"의 간접목적대명사 me를 어떻게 해석할까요?

스페인어의 간접목적대명사는 문장의 동사가 나타내는 의미와 연결하여 직접목적어의 소유주로서의 의미를 표현할 수 있다.

1. A: Me has pisado el pie. ¡Ten cuidado!
   너 내 발을 밟았어. 조심해!

   B: Ay, lo siento mucho.
   어머, 정말 미안해.

2. A: ¿Por qué estás llorando?
   왜 울고 있어?

   B: Es que Mario me rompió la muñeca.
   실은 마리오가 내 인형을 망가뜨렸어.

스페인어의 간접목적대명사는 어떠한 대상, 즉 직접목적어가 전달되는 목표(meta)를 가리키면서 "~에게"의 의미를 표현하는 용법 외에도 스페인어에서 다양한 의미적 기능을 갖고 있다. 그 중에서 스페인어의 간접목적대명사가 어떠한 대상의 소유주(poseedor)의 의미를 표현하는 경우를 살펴보자.

(1) a. Se le hincharon los pies.
그의 발이 부었다.

b. Se me torció el tobillo.
내 발목이 삐었다.

(NGLE: 2697)

(1)의 예에서 사용된 간접목적대명사 le와 me는 각각 신체부위(partes del cuerpo)를 나타내는 명사구 los pies와 el tobillo의 소유주를 표현한다. 즉, (1a)는 "그의 발이 부었다"는 의미를 표현하며, (1b)는 "내 발목이 삐었다"는 의미를 표현한다. 이때 문장 내에서 신체부위 명사의 소유주를 소유격 대명사를 이용해 sus pies, mi tobillo로 표현하지 않고 간접목적대명사를 사용하는 것이 보다 올바른 표현이다. 이때 간접목적대명사는 신체부위가 속해 있는 소유주를 표현함과 동시에, 문장에서 사용되는 동사 hinchar(붓다), torcer(비틀다)의 동작이 이루어질 때 신체부위를 포함하여 그것의 소유주 전체가 동사가 표현하는 동작의 영향을 받는다는 것을 나타낸다. 소유주가 동사의 동작의 영향을 받는다는 것은 동사의 의미에 따라 좋은 영향으로 인해 소유주가 혜택을 받는다는 의미가 될 수도 있고, 좋지 않은 영향으로 인해 소유주가 피해를 입는다는 의미를 표현할 수도 있다.

다음의 예를 통해 소유의 의미를 표현하는 간접목적대명사의 사용과 그 의미의 차이를 좀 더 구체적으로 살펴보도록 하자.

(2) a. María robó el dinero de Juan.

a'. María le robó el dinero a Juan.
마리아가 후안의 돈을 훔쳤다.

b. El padre acarició los cabellos del niño.

b'. El padre le acarició los cabellos al niño.
아버지는 아이의 머리카락을 쓰다듬었다.

(GDLE: 1891)

(2a), (2b)의 경우는 직접목적어 el dinero, los cabellos의 소유주를 전치사 de를 통해 표현하고 있으며, (2a'), (2b')의 경우는 소유주를 간접목적대명사 le를 통해 표현하고 있다. 이 두 구문에 대한 우리말의 해석은 동일하게 "마리아가 후안의 돈을 훔쳤다", "아버지는 아이의 머리카락을 쓰다듬었다"로 이루어지지만 실제로 내포된 세부적인 의미에는 차이가 있다. (2a)나 (2b)와 같이 명사구 내에서 전치사 de를 사용하여 소유주를 표현한 구문에서는 동사의 동작-robar(훔치다), acariciar(쓰다듬다)-이 벌어질 때 소유주인 Juan과 el niño에게 그 동작이 영향을 준다는 의미는 나타내지 않는다. 반면에 (2a'), (2b')의 구문과 같이 소유주를 나타내는 간접목적대명사 le가 사용된 구문에서는 동사의 동작이 소유주에게 직접적으로 혜택이나 피해와 같은 영향을 준다는 의미를 표현한다.

구체적으로, (2a')와 같은 경우, 돈을 훔치는 사건이 일어날 때 그 돈이 후안의 수중에 있는 상황에서 후안으로부터 돈을 뺏음으로 인해 소유주인 후안이 그 피해를 입는다는 의미를 표현한다. 반면, (2a)는 돈을 훔치는 사건이 벌어질 때 후안은 그 사건에 포함되어 있지 않다. 단지 그 돈의 주인이 후안이라는 것만을 표현하는 것이다. (2b')의 경우는 아버지가 머리카락을 쓰다듬는 동작이 벌어질 때 그 머리카락이 아이의 신체의 일부이기 때문에 아이가 직접적으로 이 동작의 영향을 받는다는 것을 표현한다. 반면, (2b)와 같이 표현하는 경우는 아버지가 쓰다듬은 머리카락이 아이의 것이라는 소유만을 표현하는 것이다. 즉, (2a'), (2b') 구문에서 동사의 동작이 이루어질 때 그 영향을 직접적으로 받는다는 의미를 표현하기 위해서는 간접목적대명사 le가 필수적으로 사용되어야 한다.

이와 같이 소유의 간접목적대명사가 필수적으로 사용되어야 하는 구문은 '탈취', '제거', '파괴' 등의 의미를 나타내는 동사, 예를 들면, robar(훔치다), quitar(빼앗다), romper(부수다), estropear(망가뜨리다) 등과 같은 동사가 사용되어 '누군가가 물건을 소유하고 있는 상태에서 뺏거나 부수는 등의 피해를 입히다'라는 의미를 표현하기 위해서는 물건의 소유주를 간접목적대명사로 표현한다. 또한 신체부위 명사에 동사의 동작이 이루어지는 경우, 신체부위는 몸의 일부이므로 동작이 이루어질 때 신체부위의 소유주가 당연히 그 영향을 받게 된다. 따라서 신체부위 명사가 사용되는 경우에는 소유주를 간접목적대명사를 통해 표현하는 것이 자연스러운 문장이 되는 것이다.

위에서 살펴본 간접목적대명사는 어떠한 물건을 소유주가 직접 몸에 지니고 있다거나 신체의 일부로 소유주와 긴밀하게 연결되어 있어 그 영향을 소유주가 받는다는 의미를 표현했다. 이와는 달리, 처음부터 소유물을 갖고 있었던 경우가 아니라 동사의 동작을 통해 물건이나 행위가 전달됨으로써 간접목적어가 그 혜택을 입게 된다는 의미를 간접목적대명사가 표현할 수도 있다.

(3) a. Mamá les preparó una paella a sus invitados.
엄마는 손님들에게 파에야를 준비해 드렸다.

b. Le compró un piso a su hijo.
그는 자기 아들에게 아파트를 사 주었다.

(GDLE: 1887-1889)

(3a)는 엄마는 손님들에게 파에야를 만들어 주었고 손님들이 파에야를 받게 됨으로써 혜택을 받았다는 의미를 간접목적대명사 les가 표현해준다. (3b)는 아들에게 아파트를 사주었고 아파트를 받게 되는 아들이 그 혜택을 받는다는 의미를 간접목적대명사 le가 표현한다. 이와 같은 간접목적대명사를 '수혜의 여격(dativo benefactivo)'이라고 부른다.

그러나 앞서 제시된 (1)-(2)의 경우와는 달리, (3)의 경우는 간접목적대명사가 사용되지 않은 다음 (4a), (4b)의 문장도 문법적인 문장이다. 그러나 수혜의 여격을 나타내는 간접목적대명사가 사용되지 않았기 때문에, 이 문장들은 동사의 동작으로 인해 간접목적어가 어떠한 혜택을 받았다는 의미는 표현하지 못한다.

(4) a. Mamá preparó una paella a sus invitados.

a'. Mamá preparó una paella para sus invitados.
엄마는 손님들을 위해 파에야를 준비했다.

b. Compró un piso a su hijo.

b'. Compró un piso para su hijo.
그는 자기 아들을 위해 아파트를 샀다.

(4a), (4b)와 같이 간접목적대명사가 사용되지 않은 경우에는 (4a'), (4b')의 의미와 동일하게 단순히 "누구를 위한 것이다"라는 의미만 표현할 뿐, 간접목적어가 동사의 동작을 통해 직접적으로 혜택을 받았다는 의미까지는 담고 있지 않은 것이다. 즉, (4a)의 경우는 엄마가 파에야를 준비한 이유가 손님들에게 대접하기 위한 것이라는 의미까지만 표현하며, 손님들이 그 파에야를 대접받았다는 의미는 담고 있지 않다. (4b)의 경우는 자기 아들을 위해서 아파트를 샀다는 의미만 표현할 뿐 실제 그 아파트를 아들에게 주었다는 의미는 없는 것이다.

Y aunque los sueños se me rompan en pedazos
Resistiré, resistiré...
- en la canción "Resistiré" -
EMPANADAS
Y
VINOS
BAR

tener 동사의 목적어가 사람일 때 a의 사용이 가능한가요?

tener동사가 "~이 존재한다"는 의미로 사용될 때는 사람 목적어 앞에 a를 사용하지 않지만, 특정 사람 목적어가 "~한 상태이다"라는 의미로 사용될 때는 목적어 앞에 a를 사용해야 한다.

1. A: ¿Tienes hermanos?
   너는 형제가 있니?

   B: Sí, tengo dos hermanos.
   응, 두 명의 형제가 있어.

2. A: No puedo hacer nada.
   나는 아무것도 할 수 없어.

   B: No estás solo. Aquí tienes a tus amigos.
   너는 혼자가 아니야. 여기 네 친구들이 있잖아.

스페인어 타동사 구문에서 직접목적어가 사람 혹은 생명이 있는 대상인 경우 직접목적어는 직접목적격을 표시하는 a를 동반한다.

(1) a. Conozco a un señor que habla francés.
나는 프랑스어를 하는 한 남자를 알고 있다.

b. Encontraron a una persona en la cafetería.
그들은 카페에서 한 사람을 발견했다.

그러나 tener, haber 등의 동사들은 직접목적어가 사람을 가리키는 경우에도 a를 사용하지 않는다.

(2) a. Tengo dos hermanos.
동생이 두 명 있다.

b. Hay unos extranjeros en la plaza.
광장에 외국인들이 있다.

이 경우 tener나 haber동사는 "(목적어가) 존재하다"라는 의미를 갖는 존재동사로서 기능하고 이 때 목적어는 한정성(definitud)을 표현하지 않기 때문에 직접목적어 dos hermanos, unos extranjeros의 앞에 a를 사용하지 않는다.[11] 다음 (3)에서 보는 바와 같이, 다른 일부 타동사들의 경우도 직접목적어가 정해진 어떤 특정적 요소가 아닌 경우에는 직접목적격을 표시하는 a를 생략한다.

(3) a. Necesitan unos ayudantes.
몇 명의 보조원들을 필요로 한다.

b. Busco una secretaria que hable español.
스페인어를 하는 비서를 한 명 찾고 있다.

---

11) (2b)에서 명사구 unos extranjeros가 hay 동사의 목적어라는 설명은 Ítem 24의 Tip! 을 참고하세요.

그러나 주의할 점은 tener동사의 직접목적어가 항상 a를 생략하는 것은 아니라는 점이다. 먼저 tener동사가 존재의 의미를 표현하는 경우가 아닌, "출산하다", "데리고 있다"와 같은 의미를 갖는 경우에는 일반 타동사와 동일하게 직접목적어의 앞에 a를 동반할 수 있다. 다음의 예를 살펴보자.

(4) a. ... cuando Lola tuvo a su tercer hijo...
롤라가 셋째 아들을 낳았을 때...

b. Aquí tenemos a un joven delincuente.
우리는 여기에 죄를 저지른 젊은이를 데리고 있다.

(NGLE: 2642)

(4a)에서는 "롤라가 세 번째 아이를 출산했을 때"의 해석이 이루어지며 이 경우는 직접목적어가 a를 동반한다. (4b)에서는 tener동사가 특정 장소를 나타내는 aquí와 함께 한정성을 갖는 직접목적어를 취하는 경우로 "여기에 범죄자를 데리고 있다"는 해석이 이루어지며, 이 경우 직접목적어가 a를 동반한다.

tener동사가 a를 동반하는 또 다른 경우는 『tener + 목적어 + 목적격보어』 구문에서 직접목적어가 사람(또는 생명체)인 경우이다. 이 구문은 직역하면 "누구를 ~상태로 갖고 있다"로 해석할 수 있으며, "~가 ~한 상태이다"의 의미를 표현한다.

(5) a. Tengo a un hijo enfermo.
아들이 아프다.

b. Tienes a Juana impresionada.
후아나는 네게 감동받았어.

(5)의 예는 직접목적어로 un hijo, Juana가 사용되었고 목적격보어로 enfermo(아픈), impresionada(감동받은)가 동반된 구문이다. 이 구문에서 동사 tener는 존재의 의미를 표현하지 않는다는 점에서 (2a)의 Tengo dos hermanos 문장과는 차이가 있다. (5)에서 tener동사는 직접목적어로 한정성을 갖는 요소를 취한다. 구체적으로, (5a)는 "지금 아들이 아프다"라는 의미로 동사가 가리키는 시간과 공간의 테두리 내에서 'El hijo está enfermo'라는 의미를 표현하는 것이다. (5b)의 경우는 "후아나가 감동받았다"라는 의미를 표현하는 것으로 tienes의 주어인 tú가 감동을 야기한 사람이 될 것이다. 이 경우도 목적어와 목적격보어를 사용해 'Juana está impresionada'의 의미를 표현하는 것이다. 이와 같이 『tener + 목적어 + 목적격보어』의 구조에서는 직접목적어가 사람인 경우 반드시 a를 동반해야 한다.

참고로, "아들이 아프다"는 의미를 (5a)와 같이 어떤 특정 시간과 공간으로 제한된 상태를 표현하는 경우가 아니라, "아들이 있는데, 그 아들이 원래 아프다"라는 의미를 표현하는 경우는 (2)의 의미에 해당된다. 이 경우는 'Tengo un hijo enfermo.'로 a를 사용하지 않는다. 그리고 이때 형용사 enfermo는 목적격보어가 아니라 un hijo를 수식하는 품질형용사로 사용된 것이다.

Tip!

tener와 haber동사의 직접목적어가 a를 동반하지 않는 이유로 앞서 언급한 목적어의 비한정성 외에도, 주어와 관련된 이유를 덧붙일 수 있다. 동사의 동작을 직접 수행하는 주어를 가진 동사만이 직접목적어에 a를 사용할 수 있다는 점이다. 따라서 haber동사의 경우는 특정 행위자 주어를 취하지 않는 동사이기 때문에 a를 사용한 다음의 예가 비문인 것이다.

(i) *Hay a unas delegadas en la sala.
홀에는 몇몇 여성 대표자들이 있다. (GDLE: 1785)

다음 tener동사의 경우, "~이 존재한다"는 의미인 경우 주어는 이러한 사건이 일어나도록 야기한 행위자가 아니기 때문에 직접목적어가 a를 동반하지 않는다.

(ii) *Tiene a muchos alumnos.
그는 많은 학생들이 있다. (GDLE: 1793)

반면에, 다음 (iii)의 경우는 『tener + 목적어 + 목적보어』의 구조로 '주어가 목적어를 목적보어의 상태로 갖고 있다'는 의미를 표현한다. 이때 (iii)에서 주어는 목적보어로 사용된 'estudiando el problema'를 야기한 책임이 있는 사람으로 이해되는 구문으로 이 경우에는 직접목적어가 a를 동반한다.

(iii) Tiene a muchos alumnos estudiando el problema.
그는 그 문제를 연구하는 많은 학생들을 데리고 있다. (GDLE: 1793)

즉, (iii)은 직역하면 "그는 학생들을 그 문제를 연구하고 있는 상태로 데리고 있다"는 의미로, 주어는 학생들이 그 문제를 연구하도록 시킨 사람이라는 의미를 내포하고 있다. 이와 같이 주어가 사건에 대한 책임이 있는 원인 제공자의 의미를 표현하는 경우 직접목적어는 a를 동반하게 된다.

¿Acababa de comer o Acabé de comer?

『acabar de + 동사원형』은 "조금 전에/막 ~했다"라는 의미로 자주 사용되는 구문입니다. 이 구문이 과거시제로 사용되는 경우는 반드시 불완료과거형 acababa(n)을 사용해야 한다. 단순과거형 acabé를 사용하면 'terminé de 동사원형', 즉 "~하는 것을 끝냈다"라는 의미를 갖기 때문이다.

1. A: ¿Ya terminaste la redacción del proyecto?
   프로젝트 편집 끝냈어?

   B: Sí, acababa de terminarla cuando me la pidió el jefe.
   응, 사장님이 나한테 달라고 하시기 조금 전에 끝냈어.

2. A: ¿Cuándo terminaste la redacción del proyecto?
   프로젝트 편집을 언제 끝냈어?

   B: Acabé de redactarlo hace dos días.
   이틀 전에 편집을 끝냈어.

<대화 1>에서 불완료과거 시제가 사용된『acababa de + 동사원형』 구문은 과거의 한 시점을 기준으로 '조금 전(anterioridad reciente)에 ~이 이루어졌음'을 의미한다. 즉, <대화 1>의 B 문장은 '사장이 요구하기 조금 전에 프로젝트 편집을 끝냈다'는 의미를 표현한다. 반면, <대화 2>에서 단순과거 시제가 사용된『acabé de + 동사원형』 구문은 <대화 1>의 그것과는 전혀 다른 의미를 표현한다. 즉,『terminar de + 동사원형』구문과 동일한 뜻인 '~을 끝냈다'라는 의미를 표현한다. 이 같은 의미적 차이점을 이해하기 위해서는 동사 acabar의 기본 의미가 무엇인지를 살펴볼 필요가 있다.

동사 acabar의 기본적 의미는 (1)에서 보듯 타동사 '~을 끝내다(terminar)'와 자동사 '~이 끝나다'라는 뜻으로 사용된다.

(1) a. Los campesinos han acabado las faenas del campo.
농부들이 농사일을 끝마쳤다.

b. Las guerras comienzan, pero nunca acaban.
전쟁은 시작되지만, 결코 끝나진 않는다.

(GDEA: 33)

그러나 아래 (2)에서는 동사 acabar가 원래 의미인 "끝내다(terminar)"의 뜻으로 사용되지 않았다.『acabar de + 동사원형』 구문을 형성하여 "방금 전에 ~했다"의 의미로 사용되었다. 즉, 동사 acabar가 특정 의미를 나타내는 표현(perífrasis)으로 사용된 경우이다.

(2) a. Te acaban de llamar por teléfono.
(=Te han llamado por teléfono hace un instante.)
방금 전에 네게 전화 왔어.

b. Te acababan de llamar por teléfono cuando llegaste a casa.
(=Te llamaron por teléfono un instante antes de llegar tú a casa.)
네가 집에 도착하기 조금 전에 전화 왔었어.

(GDLE: 3378)

(2a) 문장은 현재 시점을 기준으로 "조금 전에 네게 전화 왔다"는 의미이고 (2b)는 "네가 집에 도착한 시간 조금 전에 전화 왔었다"는 의미로 일종의 대과거(pluscuamperfecto) 시점을 표현하는 것이다. 즉, 『acabar de + 동사원형』구문은 '기준 시점 바로 전에 완료된 행위'를 표현한다. 주의할 점은 (2b) 문장처럼 과거의 어떤 시점(cuando llegaste a casa) 조금 전에 "막 ~했었다"라는 의미로 사용할 경우 학습자들은 단순과거 시제 acabaron을 잘못 사용하는 경향이 있다는 것이다. 이는 『acabar de + 동사원형』 구문이 갖는 완료적 의미 "막 ~했(었)다"를 고려할 때 쉽게 범할 수 있는 오류라 볼 수 있다. 그러나 "(과거시점 조금 전에) 막 ~했었다"라는 의미를 표현할 때는 반드시 불완료과거형 acababa(n)을 사용해야 한다. 왜냐하면 단순과거형이 사용된 『acabé de + 동사원형』 구문은 『terminé de + 동사원형』구문, 즉 "~하는 것을 끝냈다"의 의미로 사용되기 때문이다.[12)]

12) 단순과거처럼 완료상(perfectivo)을 나타내는 현재완료의 경우도 같은 현상이 나타난다. 즉 아래 문장들에서 acabar 동사는 모두 terminar의 의미로 사용되었다.

i) a. Ya he acabado/terminado de leer tu libro.
이미 너의 책 읽는 것을 끝마쳤다.

b. Por fin, ya ha acabado/terminado de llover.
드디어 비가 그쳤다. (GDLE: 3379)

결론적으로 acabar 동사가 완료상을 표현하는 단순과거 및 현재완료로 사용될 경우는 항상 terminar의 의미를 갖는다고 볼 수 있다.

(3) a. Ya acabé de estudiar.
난 이미 공부를 끝냈어.

b. Acabó de escribir su novela.
그는 자신의 소설 쓰기를 끝냈다.

(NGLE: 2163)

결론적으로 "조금 전에 막 ~했(었)다"라는 의미로 사용된 『acabar de + 동사원형』구문에서 사용할 수 있는 acabar 동사의 시제는 직설법 현재와 불완료과거만 사용이 가능하다. 반면, 단순과거(acabé)나 현재완료(he acabado) 시제를 사용한 『acabar de + 동사원형』구문은 "~하는 것을 끝냈다"라는 의미로만 사용됨을 기억하자.

『tener que + 동사원형』과 『deber + 동사원형』은 어떻게 다른가요?

『tener que + 동사원형』구문은 ① 특정 상황 하에서 주어지는 불가피한 의무, ② 강하고 강제적인 의무를 표현한다. 『deber + 동사원형』은 주로 ① 도덕적 의무, ② 상대적으로 약하고 비강제적인 의무를 표현한다.

1. A: Voy a comprar algo de postre.
후식을 좀 살 거야.

B: No, no tienes que comprar nada. Todo está preparado.
아니야. 아무것도 살 필요 없어. 다 준비 되어 있어.

2. A: ¿Qué tal tu padre? ¿Ya está mejor?
너희 아버지는 어떠셔? 이제 좀 나아지셨어?

B: No tanto. Creo que lo primero que debe hacer es dejar de fumar. Sigue fumando y eso me preocupa mucho.
아니 그다지. 아버지가 하셔야만 하는 첫 번째 일은 금연하는 거라고 생각해. 계속 담배를 피우셔서 그게 무척 걱정이야.

스페인어에서 의무(obligación)를 나타내는 표현으로 가장 많이 사용하는 것은 『tener que + 동사원형』, 『deber + 동사원형』, 『hay que + 동사원형』구문이다. 『hay que + 동사원형』구문은 구체적 주어가 없는 비인칭(impersonal) 문장에 사용되므로 나머지 두 개의 구문과는 쉽게 구분될 수 있다. 문제는 학습자들이 『tener que + 동사원형』과 『deber + 동사원형』구문을 의미적으로, 통사적으로 구분하는 것이 쉽지 않다는 것이다. 본장에서는 『tener que + 동사원형』과 『deber + 동사원형』구문의 차이가 무엇인지를 자세히 알아볼 것이다.

NGLE(2009: 2144), Gili Gaya(1980: 112), Müller(2001) 등에 따르면, 『tener que + 동사원형』은 '외부적 상황에 의해 주어지는 피할 수 없는 의무(obligación externa inevitable impuesta por las cicunstancias)적 상황' 하에서 사용된다. 따라서 사용 빈도수 측면에서 가장 많이 그리고 일반적으로 사용되는 표현이다.

(1) a. Este año tengo que aprobar el curso como sea.
어찌되든 올해에는 과정을 통과해야 한다.

b. Todos los días tengo que levantarme a las ocho para ir al trabajo.
나는 일하러 가기 위해 매일 여덟 시에 일어나야만 한다.

(GDLE: 3352)

(1)의 문장들은 모두 특정 상황 하에서 "과정을 통과해야(tener que aprobar el curso)"하고 "8시에 일어나야 하는(tener que levantarme a las ocho)" 의무를 표현하고 있다. 반면에 (2)의 『deber + 동사원형』은 도덕적 의무(obligación moral), 사회적 규범(norma social)처럼 강제성이 상대적으로 약한 의무를 표현한다. 따라서 주어가 자의적으로 실행하거나 실행하지 않을 수 있는 의무 사항을 표현할 때 주로 사용한다.

(2) a. ¿Deben los niños obedecer a sus padres?
아이들은 부모님 말씀에 순종해야 하나요?

b. ¿Se debe respetar a los padres?
부모님을 존경해야 하나요?

(GDLE: 3349)

요약하면 『tener que + 동사원형』은 비교적 강하고 불가피한 의무적 상황을 표현하고 『deber + 동사원형』은 상대적으로 약한 도덕적 의무를 표현한다. 다음 문장의 문법성 차이는 이 같은 차이를 잘 설명해 준다.

(3) Siento tener que/*deber molestarle a Ud.
당신을 귀찮게 해서 미안합니다.

(Müller 2001: 57)

(3)의 정확한 의미는 "(어쩔 수 없이) 당신에게 폐를 끼치게 되어 죄송합니다"라는 뜻을 담고 있다. 즉, '당신에게 폐를 끼치는 상황을 피할 수 없기(inevitable) 때문에 미안하다'는 의미를 담아야 하기 때문에 『tener que + 동사원형』을 사용해야 한다. 만약 『deber + 동사원형』을 사용한다면 그 의미가 부자연스러워진다. 'molestarle a Ud.'의 행위는 의미적으로 도덕적 의무와 반대될 뿐만 아니라 『deber + 동사원형』이 표현하는 의무는 『tener que +

동사원형』처럼 불가피한 상황을 말하지도 그만큼 강하지도 않기 때문이다.

불가피성(inevitabilidad)을 표현하는 또 다른 문장 (4)에서도 『tener que + 동사원형』이 사용되어야 문장이 자연스러워진다.

(4) a. Las autoridades tienen a veces que cometer actos ilegales.
당국은 때로는 불법적인 일들을 할 수 밖에 없다.

b. ??Las autoridades deben cometer a veces actos ilegales.[13]
당국은 가끔씩 불법적인 일들을 해야만 한다.

(NGLE: 2144)

(4)의 정확한 의미는 "당국자들은 가끔 불법적 행위를 저지르기도 해야 한다"이다. '당국자들은 불법 행위를 하지 말아야 하지만 어떤 경우는 어쩔 수 없이 불법적 행위를 해야 한다'는 의미를 표현한다. 이처럼 피할 수 없는 의무(obligación inevitable)를 표현하므로 (4b)의 『deber + 동사원형』사용은 어색한 문장이 되고 (4a)에서처럼 『tener que + 동사원형』이 사용되어야 함을 알 수 있다. 다음 (5)에서 보이는 의미적 차이도 이 같은 특징과 관련이 있다.

(5) a. Tuve que matarlo. (=Me vi obligado a matarlo, lo maté.)
그것을 죽여야만 했다. (=그것을 죽일 수밖에 없었고, 죽였다.)

b. Debí matarlo. (=¡Ojalá lo hubiera matado!)
그것을 죽여야만 했다. (=그것을 죽였더라면 좋았을 텐데!)

(GDLE: 3353)

13) 문장 앞에 붙인 물음표 기호 '??'는 비문법적 문장은 아니지만 다소 생소하거나 어색한 문장을 의미한다.

(5)에서 시제는 단순과거 tuve와 debí를 사용하였다. (5a)는 실제로 matar의 행위가 이루어졌음을 뜻하지만 (5b)는 그 행위가 실현되지 않았고 그것에 대한 아쉬움을 표현한다. 이는 『deber + 동사원형』이 『tener que + 동사원형』보다는 상대적으로 약한 의무적 상황을 표현하는 특징과 관련 있다. 즉,『deber + 동사원형』이 표현하는 의무는 뒤 따르는 원형동사의 실현 의미를 포함할 만큼 강하지 않기 때문에 (5b)는 matar의 행위가 실현되지 않았음을 표현할 수 있는 것이다.

『tener que + 동사원형』과 『deber + 동사원형』의 차이는 아래와 같이 정리할 수 있다.

(6)

tener que + 동사원형	deber + 동사원형
• 특정 상황 하에 주어지는 의무	• 도덕적/사회적 의무
• 강한 의무	• 상대적으로 약한 의무
• 불가피한 강제적 의무	• 비강제적 의무

Tip!

Deber는 전치사 de와 함께 『deber de + 동사원형』구문을 만들어 "~일 것이다", "~임에 틀림없다"라는 의미의 가능성(probabilidad)을 표현할 수 있다.

(i) a. Deben de ser las tres.
세 시임에 틀림없다.

b. Debe de haber llovido.
비가 왔음에 틀림없다.

(GDLE: 3351)

그러나 학습자들을 혼란스럽게 만드는 것은 본문에서 살펴본 『deber + 동사원형』구문도 (ii)에서 보듯 어떤 문맥에서는 의무(obligación)가 아니라 가능성을 표현할 수도 있다는 사실이다.

(ii) a. Debe hacer mucho frío en la calle.
밖은 매우 추울 수 있다.

b. Tú debes haber entendido mal.
네가 잘못 이해했을 수 있다.

(NGLE: 2143)

뿐만 아니라 『deber de + 동사원형』구문이 (iii)에서 보듯 의무적 표현으로 사용되는 경우도 어렵지 않게 찾아 볼 수 있다.

(iii) a. Creo que no debes de utilizar tu imagen.
나는 네가 네 이미지를 이용하지 않아야만 한다고 생각한다.

b. Por lo menos, debes de mostrar respeto.
적어도 너는 존경하는 모습을 보여야만 한다.

(NGLE: 2144)

(iii)에서처럼 『deber de + 동사원형』구문이 의무적 표현으로 사용되는 경우는 주로 라틴아메리카 스페인어에서 찾아 볼 수 있지만 모든 스페인어권 화자들에게 받아들여질 만큼 일반적인 현상이 되었다.
결론적으로 요약하자면, 『deber + 동사원형』구문은 의무적 표현에 사용하고 『deber de + 동사원형』은 가능성 표현 구문에 사용하는 것이 가장 일반적이고 정확한 사용이다. 그러나 (ii), (iii)에서 보았듯이 두 구문 간의 의미적 교호 현상이 일어날 수 있다는 사실도 함께 기억해야 한다.

자동사는 목적어가 없나요?

자동사는 목적어를 취하지 않는 순수한 자동사와 목적어의 의미를 갖는 요소를 주어로 취하는 비대격동사로 분류된다.

1. Esta presentación está basada en los diversos informes aparecidos en prensa.
   이 발표는 언론에 나타난 다양한 보고서에 바탕을 두고 있습니다.

2. A: Llegaron cartas de Juan dirigidas a su madre y a sus hermanos.
   자기 어머니와 형제들에게 보내는 후안의 편지가 도착했다.

   B: ¿De verdad? ¿Qué decía?
   정말? 뭐라고 썼는데?

일반적으로 직접목적어를 취하지 않는 동사를 자동사라고 부른다. 자동사(verbo intransitivo)의 특징은 직접목적어를 취하지 않기 때문에, 과거분사의 형태로 분사구문을 형성할 수 없고 과거분사의 형태로 명사를 수식할 수도 없다. 다음 (1)의 예는 자동사 caminar(걷다), ladrar(짖다), trabajar(일하다)가 사용된 구문이다.

(1) a. Los peregrinos caminan.
순례자들이 걷고 있다.

b. Los gatos no ladran.
고양이들은 짖지 않는다.

c. Los pescadores trabajan 300 días al año.
어부들은 일 년에 삼백 일간 일한다.

(Fernández Lagunilla 외 1인 1995: 272)

(1)에서 사용된 자동사들을 과거분사 형태로 바꾸어 분사구문이나 명사를 수식하는 형용사로 사용한 경우는 다음 (2), (3)에서 보듯 모두 비문법적 문장이 된다.

(2) a. *Caminados los peregrinos, hacía mucho frío.
순례자들이 걸었을 때, 날이 무척 추웠다.

b. *Ladrados los perros, todos no podíamos salir.
개들이 짖자, 우리 모두 나갈 수 없었다.

c. *Trabajados los pescadores, nos fuimos a casa.
어부들이 일하고 난 뒤, 우리는 집으로 갔다.

(3) a. *Los peregrinos caminados van a hospedarse aquí.
걷는 순례자들은 여기에 묵을 것이다.

b. *Los perros ladrados no están en casa.
짖는 개들은 집에 없다.

c. *Los pescadores trabajados son mexicanos.
일하는 어부들은 멕시코 사람들이다.

자동사의 과거분사를 이용한 (2)의 분사구문은 모두 비문이며, (3)과 같이 자동사의 과거분사를 사용하여 명사를 수식하는 것도 불가능하다. 이는 과거분사구문에서는 목적어가 분사구문의 주어로 기능해야 하며, 과거분사가 명사를 수식하는 구문에서는 분사가 수동의 의미를 표현하는 것으로 수식받는 명사는 분사의 목적어로 기능하는 요소여야 하기 때문이다. 따라서 (1)에 사용된 동사들은 모두 자동사로 직접목적어를 취하지 않기 때문에 (2)와 (3)의 예가 모두 비문이 되는 것이다.

그런데 다음 (4)에 사용된 동사 llegar(도착하다), morir(죽다), ocurrir(발생하다)는 표면적으로는 직접목적어를 취하지 않아 (1)과 동일한 자동사로 보인다.

(4) a. Mi madre llegó al país.
어머니는 고국에 도착하셨다.

b. Esos hombres han muerto en un accidente.
그 사람들은 사고로 사망했다.

c. Los sucesos ocurrieron hace dos años.
그 사건들은 2년 전에 발생했다.

그러나 (1)의 자동사와 (4)의 자동사 사이에는 의미적으로 차이가 있다. (1)의 경우는 동사의 주어가 직접 동사가 나타내는 행위를 실행하는 행위자(agente)인 반면, (4)의 동사들은 주어가 직접 그 행위를 하는 주체가 아니라 동사의 목적어로서의 의미, 즉 대상(tema)의 의미를 갖는다. 다시 말해, 이들 동사의 주어는 동사의 행위를 직접하는 행위자로 기능하는 것이 아니라 의미적으로는 동사의 대상으로 표현된다는 특징이 있다. 이러한 동사들을 일컬어 비대격동사(verbo inacusativo)라고 부른다. 목적어에 대격(Caso acusativo), 즉 직접목적격을 주지 못하는 동사라는 의미이다. 스페인어의 비대격동사로는 llegar, ocurrir, salir, nacer, morir, venir, aparecer, desaparecer 등이 있으며, 주로 출현(presencia), 등장(aparición), 사건(acaecimiento) 등의 의미를 표현한다.

이러한 비대격동사는 주어로 나타나는 명사가 대상의 의미를 갖기 때문에 타동사의 직접목적어가 갖는 특징을 갖고 있다. 첫 번째로 비대격동사의 과거분사 형태는 타동사와 동일하게 직접 명사를 수식할 수 있다.

(5) a. Los periódicos llegados de México
멕시코로부터 도착한 신문

b. Hortensia lleva trece rosas muertas en la mano.
오르텐시아는 손에 죽은 장미 열 세 송이를 들고 있다.

c. ... la actitud del Gobierno español frente a los últimos acontecimientos ocurridos en La Habana
아바나에서 발생한 최근의 사건들에 대한 스페인 정부의 행동

d. En relación con la información aparecida en "La Vanguardia" del día 20 del pasado mes de junio...
지난 6월 20일자 "라 방구아르디아" 지에 실린 정보와 관련하여...

(NGLE: 3054; CREA)

(5)에서 비대격동사인 llegar, morir, ocurrir, aparecer는 모두 과거분사의 형태로 명사를 수식할 수 있다는 것을 알 수 있다.

두 번째로, 비대격동사의 과거분사는 분사구문을 형성할 수 있다.

(6) a. Llegados los invitados, comenzó la fiesta.
손님들이 도착하자, 파티가 시작되었다.

b. Nacidas las malas hierbas, Juan las arrancó.
잡초가 나오자 후안은 그 잡초를 뽑았다.

c. Una vez salido el sol, nos entraremos a la mar.
일단 해가 뜬 후에, 우리는 바다로 들어갈 것이다.

(Fernández Lagunilla 외 1인 1995: 144, 272; GDLE: 1567)

(6)의 과거분사구문에는 비대격동사인 llegar, nacer, salir가 사용되었으며, 의미적으로 대상의 의미를 표현하는 los invitados, las malas hierbas, el sol에 성과 수를 일치하여 분사구문을 형성하는 것이 가능하다.

이와 같이 비대격동사들은 문장으로 표현할 때 직접목적어를 동반하지 않아 자동사와 동일하게 보이지만, 실제 주어로 나타나는 요소가 직접목적어의 의미를 가짐으로 인해서 (5), (6)과 같은 타동사의 특성을 가질 수 있는 것이다.

또한 일반적으로 무관사 명사구가 문장의 주어로 나타나는 (7)과 같은 문장은 문법성이 좋지 않다고 본다. 그러나 다음 (8)과 같이 비대격동사 구문에서는 무관사 복수명사가 주어로 표현되는 것이 문법적인 문장이다. 이는 비대격 동사의 주어로 나타나는 요소가 직접목적어의 특성을 갖고 있기 때문이라고 설명할 수 있다.

(7) a. ??Duermen mujeres.
여자들이 잠을 잔다.

b. ??Juegan niños.
아이들이 논다.

c. ??Trabajan jóvenes.
젊은이들이 일을 한다.

(GDLE: 1583)

(8) a. Siempre vienen mujeres.
항상 여자들이 온다.

b. Todos los años llegan cigüeñas.
해마다 황새들이 온다.

c. Existen problemas.
문제들이 존재한다.

(GDLE: 1583)

더불어, 비대격동사가 자동사와 다른 점은 접미사 -dor를 통해 "~하는 사람"이라는 행위자(agente)의 의미를 표현하는 동사파생명사(sustantivo deverbal)를 만들 때도 나타난다. 자동사로부터 만들어진 파생명사는 어떤 행위를 하는 사람이라는 의미의 명사형이 가능하지만 비대격동사는 이러한 명사형을 만들 수 없다.

(9) a. trabajar - trabajador
일하다 - 노동자

b. correr - corredor
달리다 - 주자

c. soñar - soñador
꿈꾸다 - 몽상가

(10) a. llegar - *llegador
b. venir - *venidor
c. salir - *salidor

(9)에서 보는 바와 같이, 순수한 자동사는 능동적으로 어떤 행위를 하는 사람이라는 의미의 파생명사형을 접미사 -dor를 통해 만들 수 있다. 그러나 (10)의 비대격동사는 능동적으로 어떤 행위를 하는 사람이라는 의미가 만들어질 수 없어 -dor를 이용한 파생명사형이 불가능하다.

14 | POLÍTICA

LA NACION | MIÉRCOLES 11 DE MARZO DE 2020

Desaparecen documentos que complican a Cristóbal López

PRUEBAS. Se trata de comprobantes de la AFIP que acreditan la deuda que Oil Combustibles tiene con el organismo; la jueza de la quiebra dio un plazo de 48 horas para que aparezcan

gustar 동사가 일반 타동사처럼 사용될 수 있나요?

gustar류 동사가 간접목적대명사 le/les 없이 중복명사구 a la gente, a todos 등을 취하는 경우가 있는데, 이는 타동사 구문이 아니고 간접목적대명사가 생략된 구문이다. gustar류 동사 구문에서 간접목적대명사가 생략되기 위해서는 중복명사구가 총칭적(genérico) 의미를 갖고 동사 뒤에 위치할 때만 가능하다.

1. A: ¿Por qué están enojados los aficionados del club?
   그 클럽 팬들이 왜 화가 난거야?

   B: Porque el traspaso de ese jugador a otro club no gusta a muchos.
   많은 사람들이 그 선수가 다른 클럽으로 이적하는 것을 좋아하지 않거든.

2. A: Creo que Paco sabe qué es lo que gusta al cliente. Vende mucho.
   파코는 고객이 좋아하는 것이 무엇인지 알고 있다고 생각해. 판매를 많이 하거든.

   B: Sí, es verdad. Es el mejor vendedor de nuestra compañía.
   그래, 맞아. 우리 회사의 최고의 판매자야.

gustar, interesar, doler, molestar 등 이른바 gustar류 동사들은 (1), (2)에서 볼 수 있듯이 일반적으로 간접목적대명사 le/les를 동반해야 한다.

(1) a. A Carlos le gusta mucho el fútbol.
b. *A Carlos gusta mucho el fútbol.
카를로스는 축구를 무척 좋아한다.

(2) a. A los alumnos les interesa trabajar en esta empresa.
b. *A los alumnos interesa trabajar en esta empresa.
학생들은 이 회사에서 일하는 것에 관심이 있다.

gustar류 동사들은 자동사(verbo intransitivo)로서 간접목적대명사를 통해 경험자(experimentador)를 표현한다. 쉽게 설명하자면 경험자인 간접목적어는 의미상 주어로서 문법상의 주어를 "좋아하다(gustar)", 주어에 "관심이 있다(interesar)"라는 뜻을 표현한다. 이처럼 간접목적대명사를 동반하는 것으로 알려진 gustar류 동사들이 (3)에서처럼 간접목적대명사 없이 나타나는 경우 학습자들은 상당히 혼란스러워 한다.

(3) a. ... porque ellos saben qué es lo que gusta a la gente.
왜냐하면 그들은 사람들이 좋아하는 것이 무엇인지 알고 있기 때문이다.

b. ¿La película no gusta a todo el mundo?
모든 사람들이 그 영화를 안 좋아하니?

(CREA)

학습자들이 (3)의 예문들을 보면서 특히 혼란스러워하는 부분은 gustar가 다른 일반적 타동사처럼 'a la gente'와 'a todo el mundo'를 직접목적어로 취한 것이 아닐까하는 의문을 품는다는 것이다. (3)의 예문들은 외견상 일반 타동사와 동일한 어순을 보이고 있기 때문이다. 그러나 상기 문장은 타동사 구문이 아니라 gustar 동사 앞에 위치한 간접목적대명사 le가 생략된 경우에 해당한다. 실제로 (3)에 le를 첨가하여 '... no le gusta a la gente'와 '... no le gusta a todo el mundo'라는 문장으로 사용할 수도 있으며 이 경우 le가 없는 경우보다 사용 빈도수가 더 높은 문장이 된다. 그렇다면 여기서 요점은 gustar류 동사 구문에서 어떤 경우 간접목적대명사가 생략될 수 있는지를 구체적으로 밝히는 것이다. (1), (2)와 같은 문장에서는 간접목적대명사 le/les가 생략될 수 없기 때문이다. 다음 문장을 살펴보자.

(4) a. Esas medicinas no (les) gustan a todos.
모든 사람들이 그 약들을 좋아하지 않는다.

b. El ruido nocturno (le) molesta a mucha gente.
많은 사람들이 밤에 나는 소음을 싫어한다.

(NGLE: 2681)

(4)는 (3)처럼 간접목적대명사가 생략될 수 있는 문장이고 이 같은 현상은 크게 두 가지 조건 하에서 나타날 수 있다. 첫 번째는 간접목적대명사와 연결되는 중복명사구(doblado)의 성격이다. 즉, <대화 1, 2> 그리고 (3), (4)에서 보았듯이 le/les가 생략되는 경우 중복명사구는 총칭적(genérico) 의미를 가져야 한다. 구체적으로, <대화 1, 2>의 a muchos(많은 이들), al cliente(고객) 그리고 (3), (4)의 a la gente, a todo el mundo, a todos, a mucha gente처럼 비특정적(inespecífico)이고 비개별적인(no individualizado) 의미를 가진 이른바 총칭적 명사구가 중복될 때 간접목적대명사가 생략될 수 있다. (5)에서의 문법성 차이는 이 같은 특성을 잘 보여준다.

(5) a. (??)La novela interesó mucho a Fernando.
페르난도는 그 소설에 관심이 많다.

b. Estas novelas interesan poco a la gente.
사람들은 이 소설들에 관심이 거의 없다.

(NGLEM: 677-678)

간접목적대명사 le가 생략된 (5)에서 특별히 (5a)가 비문법적 문장은 아니지만 어색한 문장이 되는 이유는 중복명사구 a Fernando가 특정적(específico) 의미를 갖고 있기 때문이고, 반면 (5b)의 a la gente는 총칭적 의미를 가지기 때문에 정상적 문장이 됨을 알 수 있다.

gustar류 동사 구문에서 간접목적대명사가 생략될 수 있는 두 번째 조건은 중복명사구의 위치와 관련이 있다. 구체적으로 살펴보자면 (1), (2)에서처럼 중복명사구가 동사 앞으로 전치된 경우 간접목적대명사는 의무적으로 출현해야 하고 <대화 1, 2> 그리고 (3), (4), (5b)에서 보았듯이 중복명사구가 동사 뒤에 위치하는 경우는 간접목적대명사의 출현은 선택사항이 된다. 요약하면, gustar류 동사 구문에서 간접목적대명사가 생략되는 현상은 중복명사구가 총칭적 의미를 갖고 동사 뒤에 위치할 때만 가능하다.

Tip!

gustar 동사가 실제로 타동사(transitivo)로 사용되는 경우가 있다. RAE 사전에 따르면 "맛보다, 시식/시음하다(sentir y percibir el sabor de las cosas)"의 의미와 "(새로운 것을) 경험하다(experimentar cosas nuevas)"의 의미로 사용을 한정하고 있다.

(i) a. Gustó las dos salsas.
   그는 그 두 소스를 맛보았다.

b. En esas pinturas los ojos pueden gustar la libertad.
   그 그림들에서는 눈이 자유를 경험하게 될 것이다.

(GDEA: 1133)

스페인어 서술보어 어순의 특징은 무엇인가요?

서술보어인 주격보어와 목적격보어는 『주어 + 동사 + (목적어) + 주격보어』, 『주어 + 동사 + 목적어 + 목적격보어』의 어순을 취하는 것이 기본 구조이지만 서술보어가 목적어의 앞, 다시 말해, 동사의 바로 뒤에 나타나는 어순도 가능하다.

1. A: ¿Qué tenías en tu mochila?
   너의 배낭에 무엇을 갖고 있었니?

   B: Tenía guardados los apuntes y el dinero. Me los robaron.
   노트 필기와 돈을 보관해 두었어. 그런데 그것들을 훔쳐갔어.

2. A: ¿Por qué Marta ha salido enfadada?
   왜 마르타가 화가 나서 나갔니?

   B: Es que su hermano le rompió el ordenador.
   실은 자기 동생이 그녀의 컴퓨터를 망가뜨렸거든.

스페인어에서 서술보어(complemento predicativo)란 문장의 주어에 대해 설명하는 주격보어, 문장의 직접목적어에 대해 설명하는 목적격보어를 가리키는 용어이다. 이러한 서술보어는 『주어 + 동사 + (목적어) + 주격보어』, 『주어 + 동사 + 목적어 + 목적격보어』의 구조로 표현된다. 이러한 구조에서 주격보어는 문장의 주어와 주어-술어 관계를 형성하고, 목적격보어는 문장의 직접목적어와 주어-술어 관계를 형성한다. 그리고 주격보어, 목적격보어가 형용사로 표현되는 경우, 형용사는 자신과 연결된 명사와 성과 수를 일치해야 한다.

(1) a. Los japoneses comen el pescado crudo.
일본인들은 생선을 날 것으로 먹는다.

b. El juez consideró improcedentes las preguntas.
판사는 그 질문들을 부적절하다고 생각했다.

c. Luisa miró a Pedro furiosa.
루이사는 화가 나서 페드로를 바라보았다.

(Fernández Lagunilla 외 1인 1995: 292)

(1a)의 crudo(날 것의)는 문장의 목적어 el pescado의 서술어로 목적격보어이다. "일본사람들은 생선을 날 것으로 먹는다"는 의미로 'Los japoneses comen el pescado cuando el pescado está crudo.(일본인들은 생선이 날 것일 때 먹는다.)'로 풀어 쓸 수 있다. 이 경우 crudo는 자신의 주어인 el pescado에 성과 수를 일치하는 것이다. (1b)에서는 형용사 improcedentes(부적절한)가 목적어 las preguntas의 서술어로 역시 목적격보어이며, 목적어에 성과 수를 일치하여 여성복수형으로 사용된 것이다. "판사는 그 질문들이 부적절하다고 생각했다"는 의미로 'El juez consideró que las preguntas eran improcedentes.'로 풀어 쓸 수 있다. (1c)에서는 형용사 furiosa(화난)가 문장의 주어 Luisa의 서술어로 사용된 주격보어로 주어의 성과 수에 일치하여 여성단수형으로 사용된다. "루이사는 화가 나서 페드로를 쳐다보았다"로 해석

되며, 'Luisa miró a Pedro y ella estaba furiosa.'로 풀어 쓸 수 있다.

스페인어의 서술보어는 (1a), (1c)에서 보는 것처럼 『주어 + 동사 + 목적어 + 목적격보어』, 『주어 + 동사 + 목적어 + 주격보어』의 어순을 취하는 것이 기본 구조이지만 (1b)와 같이 서술보어가 목적어의 앞, 다시 말해, 동사의 바로 뒤에 나타나는 어순도 허가된다. 따라서 (1a), (1c)는 다음과 같은 어순도 가능하다.

(2) a. Los japoneses comen crudo el pescado.
일본인들은 생선을 날 것으로 먹는다.

b. Luisa miró furiosa a Pedro.
루이사는 페드로를 화가 난 채로 바라보았다.

(2a)에서는 목적격보어 crudo가 el pescado의 앞에서 사용된 것이며, (2b)에서는 주격보어 furiosa가 동사의 바로 뒤에 사용된 것이다.

이러한 서술보어는 단순히 명사를 수식하는 품질형용사와는 구별된다는 점을 주의하자. 품질형용사는 명사를 수식하면서 하나의 명사구를 형성하는 것이라면, 서술보어는 자신의 주어에 대해 서술하는 하나의 술어로서 독립적으로 기능한다. 이러한 특징은 목적어 명사구를 대명사로 바꾸었을 때 다음과 같이 구별된다.

(3) a. Los japoneses comen el pescado crudo.
일본인들은 회를 먹는다.
일본인들은 생선을 날 것으로 먹는다.

b. Los japoneses lo comen. (lo = el pescado crudo)
일본인들은 그것을 먹는다.

c. Los japoneses lo comen crudo. (lo = el pescado)
일본인들은 그것을 날 것으로 먹는다.

(3a) 문장은 두 가지 뜻으로 해석된다. 즉, "일본인들은 날생선(회)을 먹는다"와 "일본인들은 생선을 날 것으로 먹는다"의 해석이 그것이다. 이는 목적어를 대명사로 표현할 때 두 가지 구문이 가능하다는 점에서 확인할 수 있다. 구체적으로, (3b)는 crudo가 el pescado를 수식하는 형용사로서 사용된 경우로, el pescado crudo 전체가 하나의 명사구이며 이를 대명사 lo로 바꾼 것이다. 그리고 그 의미는 "일본인들은 날생선(회)을 먹는다"로 해석된다. 반면, (3c)는 crudo가 el pescado와 주어-술어 관계를 이루는 목적격보어로 목적어를 대명사로 바꾸면 el pescado만을 lo로 바꿀 수 있고 crudo는 그대로 남아 있게 된다. 그리고 목적격보어가 사용되는 구문은 "일본인들은 생선을 날 것인 상태로 먹는다"로 해석되어, 문장의 동사가 나타내는 동작이 일어나는 그 순간에 목적어의 상태를 표현하게 된다.

스페인어에서 많이 접하는 서술보어가 사용된 구문으로는 다음과 같은 예들이 있다.

(4) a. Tenemos reservada la mesa para mañana.
우리는 내일 날짜로 테이블을 예약해 두었다.

b. Juan le pidió prestados los apuntes.
후안은 그에게 노트 필기를 빌려달라고 했다.

c. Damos por terminada la sesión.[14]
세션이 끝났음을 선언합니다.

(4)에 사용된 reservada(예약된), prestados(빌린), terminada(끝난)는 각각 목적어 la mesa(테이블), los apuntes(노트 필기), la sesión(세션)의 목적격보어로 목적어의 성과 수에 일치한 것이다.

이러한 서술보어로는 형용사뿐만 아니라 전치사구도 사용될 수 있다.

14) (4c)에서는 『dar por ~』가 "~한 상태라고 선언하다"의 의미를 표현한다.

(5) a. Los japoneses comen el pescado en salmuera.
일본인들은 생선을 소금에 절여 먹는다.

b. Juan consideró tu intervención de mal gusto.
후안은 너의 개입이 예의 없다고 생각했다.

c. María miró a Pedro con furia.
마리아는 화가 나서 페드로를 쳐다보았다.

(Fernández Lagunilla 외 1인 1995: 292)

(1)의 예문에서 살펴본 서술보어 가운데, (1a)와 (1c)의 경우는 문장 내에서 서술보어 crudo, furiosa가 없어도 문장은 문법적이다. 다시 말해, 주격보어, 목적격보어가 문장에서 부가적인 요소로 사용된 것으로 문장에서 필수적으로 요구되는 요소는 아니다. 이와 같이 부가적인 요소로 사용되는 형용사 술어를 사용할 때는 제약이 있다. estar동사와 함께 사용되는 형용사만이 가능하며 ser동사와 함께 사용되는 형용사는 사용될 수 없다(☞ Ítem 17 참고).

(i) a. Los japoneses comen el pescado.
일본사람들은 생선을 먹는다.

a'. Los japoneses comen el pescado crudo.
일본사람들은 생선을 날 것으로 먹는다.

a''. *Los japoneses comen el pescado bonito.
*일본사람들은 생선을 예쁜 상태로 먹는다.

b. Luisa miró a Pedro.
루이사는 페드로를 바라보았다.

b'. Luisa miró furiosa a Pedro.
루이사는 페드로를 화가 나서 바라보았다.

b''. *Luisa miró a Pedro inteligente.
*루이사는 페드로를 영리하게 바라보았다.

(ia')에서 보는 바와 같이 목적격보어로 사용된 형용사 crudo는 가능하지만 (ia")의 bonito는 비문이다. (ib')에서 주격보어로 사용된 형용사 furiosa는 가능하지만 (ib")의 inteligente는 비문이다.
이러한 제약은 서술보어뿐만 아니라 문장의 동사에도 주어지는데, 문장의 동사가 정적인 의미의 동사, 즉 외현적 움직임이 없는 동사는 서술보어를 동반할 수 없다. 예를 들어, saber, conocer, querer, tener, poder와 같은 동사들이 정적인 의미의 동사에 해당되며 이러한 동사가 사용된 구문에서는 서술보어를 동반할 수 없다.

(ii) a. Pedro estudia francés contento.
페드로는 만족해서 프랑스어를 공부한다.

b. *Pedro sabe francés contento.
*페드로는 만족해서 프랑스어를 안다.

(Fernández Lagunilla 외 1인 1995: 293)

(iia)와 같이 estudiar동사가 사용된 문장에서는 주격보어 contento가 사용되는 것이 정문이지만, (iib)와 같이 saber동사가 사용된 문장에서는 주격보어 contento가 사용되면 비문이 된다. 즉, (iia)에서는 페드로가 불어를 공부하는 그 사건이 일어나는 상황에서 페드로가 만족한 상태라는 해석이 이루어진다. 동사의 동작이 벌어지는 사건과 이 사건이 벌어지는 때에 주어의 상태를 서술보어로 표현하는 것이다. 반면에, (iib)에서는 페드로가 불어를 알고 있는데 만족한 상태라는 해석이 이루어진다. 동사 saber는 동작이 없는 정적인 의미로 특정 시간에 벌어지는 사건을 가리키지 않는다. 따라서 contento라는 일시적인 상태를 나타내는 술어와는 상(aspecto)이 맞지 않아 사용될 수 없는 것이라고 이해할 수 있다.

www.elpais.com

EL PAÍS

EL PERIÓDICO GLOBAL

ESPACIO El difícil regreso a casa de quienes pisaron la Luna

CULTURA La Biblioteca Nacional también conservará los videojuegos

Sánchez considera rotas las negociaciones con Iglesias

El presidente se centra ahora en la abstención de la derecha y la izquierda

Echenique asegura que el diálogo sigue

Podemos niega el apoyo al PSOE en Asturias y amenaza

La división socialista deja en el aire la elección de Von der Leyen

La candidata a la Comisión se somete

'나를 그에게 소개했다'라는 문장을 'Le me presentaron'으로 표현할까요?

간접목적대명사와 직접목적대명사를 함께 사용할 때 유생성(animacidad) 제약을 따라야 한다.

1. A: Oye, te recomendé al director, Rodrigo.
   이봐, 로드리고, 너를 부장님에게 추천했어.

   B: Fuiste tú quien me recomendó a él. No lo sabía.
   나를 그에게 추천한 사람이 너였구나. 몰랐어.

2. A: ¿Conocéis a Julia?
   너희들 훌리아를 아니?

   B: Sí. Lola nos presentó a ella en la fiesta de su cumpleaños.
   응. 롤라가 그녀의 생일 파티에서 우리를 그녀에게 소개했어.

<대화 1>의 B에서 'quien me recomendó a él'은 "나를 그에게 소개했던 사람"을 의미한다. 이 경우 동사 recomendar의 직접목적어와 간접목적어는 비강세형 인칭대명사를 사용해 '*le me recomendó'로 함께 동사의 앞에 사용될 수 없다. 인칭 변화된 동사의 앞에는 직접목적대명사 me를 사용하고 간접목적어는 동사의 뒤에 'a + 전치격 인칭대명사'의 형태로 사용한다. <대화 2>의 B에서도 "우리를 그녀에게 소개했다"는 의미를 'nos presentó a ella'로 표현한 것으로 '*le nos presentó'의 형태로는 사용하지 않는다.

일반적으로 비강세형 인칭대명사(pronombre personal átono)를 사용하여 직접목적대명사와 간접목적대명사를 함께 동사의 앞이나 뒤에 사용하는 것을 목적대명사 '뭉치'라고 한다.

(1) a. Te regalo un collar. → Te lo regalo.
나는 너에게 목걸이를 선물한다. → 나는 너에게 그것을 선물한다.

b. Me da unas plumas. → Me las da.
그는 나에게 몇 개의 펜을 준다. → 그는 나에게 그것들을 준다.

c. Ella está explicándole las reglas. → Ella está explicándoselas.
그녀는 그에게 규칙들을 설명하고 있다. → 그녀는 그에게 그것들을 설명하고 있다.

그러나 직접목적어와 간접목적어를 모두 취할 수 있는 수여동사(verbo ditransitivo) 구문에서 모든 목적대명사 뭉치가 허가되는 것은 아니다. 예를 들어 다음과 같은 예문에서는 목적대명사 뭉치가 사용된 문장은 모두 비문법적 문장이 된다.

(2) a. *Le me/*Me le presentaron.

b. *Nos te/*Te nos recomendaron.

c. *Os me/*Me os entregaron.

(2)의 비문법성을 설명하기 위해 간접목적대명사와 직접목적대명사의 뭉치 형성에는 목적대명사가 갖고 있는 '유생성(animacidad)'의 자질이 중요한 역할을 한다는 점을 기억하자. 유생성이라는 개념은 본질적으로 생명이 있는 요소의 의미 자질을 갖고 있는지를 나타낸다고 이해할 수 있다.

(3) <비강세형 인칭대명사의 유생성>

인칭 (격)	비강세형 인칭대명사	유생성
1인칭 (대격,여격)	me/nos	+
2인칭 (대격,여격)	te/os	+
3인칭 (여격)	le(s)	+
3인칭 (대격)	lo(s)/la(s)	–

모든 인칭의 여격, 즉 간접목적대명사는 모두 유생성의 자질을 갖고 있다. 어떠한 대상이 전달되는 목표가 되는 요소로 이는 유생성의 의미를 갖고 있다고 보는 것이다. 반면, 대격, 즉 직접목적대명사는 1인칭과 2인칭 me/nos, te/os가 유생성이 있는 목적대명사이며 3인칭 직접목적대명사 lo(s)/la(s)는 유생성이 없다.

이러한 유생성의 자질을 바탕으로 목적대명사 뭉치는 다음과 같은 규칙에 따라 형성된다.

(4) <목적대명사 뭉치 형성 규칙>

목적대명사 뭉치는 유생성이 있는([+animado]) 목적대명사와 유생성이 없는([-animado]) 목적대명사가 결합하여 『간목[+animado] + 직목 [-animado]』구문을 형성한다.

(4)의 규칙에 따라 (2)의 예가 비문이 되는 이유를 설명할 수 있다. 즉, 뭉치를 형성한 모든 목적대명사들이 유생성 자질을 갖고 있기 때문에 비문법적 문장이 되는 것이다. 결과적으로 모든 간접목적대명사는 유생성 자질이 있기 때문에, 뭉치를 형성할 수 있는 것은 유생성 자질이 없는 직접목적대명사, 즉 3인칭 직접목적대명사만이 간접목적대명사와 함께 뭉치를 형성할 수 있는 것이다. 따라서 te-lo, me-la, nos-los 등의 뭉치는 문법적이며, *le-me, *le-te, *me-te는 비문법적인 결합인 것을 설명할 수 있다. 그렇다면 "나를 그에게" 또는 "너를 그에게"라는 표현은 스페인어로 어떻게 표현할 수 있는가? 라는 의문점이 생긴다. 왜냐하면 '그에게'라는 의미의 le와 '나를/너를'이라는 의미의 직접목적어 me/te가 모두 유성성을 가지고 있기 때문이다. 이 같은 문제점을 해결하기 위해 스페인어 화자들은 (5)에서처럼 간접목적어 le를 사용하지 않고 대신 'a + 전치격인칭대명사'의 형태로 간접목적어를 표현하여 문장에 사용한다.

(5) a. Me presentaron a él.
나를 그에게 소개했다.

b. Nos recomendaron a ti.
우리를 너에게 추천했다.

c. Me entregaron a vosotros.
나를 너희들에게 인계했다.

(5)에서 직접목적어 me/nos는 시제 동사 앞에 위치하고 간접목적어는 'a + 전치격인칭대명사'의 형태로 동사 뒤에 사용됨을 알 수 있다. 즉, (4)에서 규정하는 유생성의 규칙을 만족시키기 위해 간접목적대명사 le를 사용하지 않음을 설명할 수 있다.

<목적대명사 뭉치 'te-me'>

(i) a. Te me presentaron.
b. Te me entregaron.

위의 (i)의 예는 스페인어 원어민들 사이에서 문법적이라고 판단하기도 하고 비문법적이라고 판단하기도 하여 문법성에 혼란이 있는 구문이다.
이를 정문으로 판정하는 원어민들 사이에서는 그 해석에 있어서도 혼동의 여지를 갖고 있다. 즉, 어떤 사람들은 te를 직접목적어로 me는 간접목적어로 보고 "너를 나에게"로 해석하거나, te를 간접목적어로 me는 직접목적어로 보고 "나를 너에게"로 해석할 수도 있다고 보는 의견이 있다. 다른 한편으로는 te를 직접목적어로 me는 간접목적어로 보고 "너를 나에게"로만 해석될 수 있다고 보는 의견이 있다. 사실상 'te-me'의 결합은 위에서 언급한 유생성의 관점에서는 둘 다 유생성을 갖고 있기 때문에 비문법적인 조합이다. 이러한 문법성과 해석상의 혼란을 피하기 위해 다음과 같이 사용하는 것을 권장한다.

(ii) a. Te presentaron a mí.
너를 나에게 소개했다.

b. Me presentaron a ti.
나를 너에게 소개했다.

(iii) a. Te entregaron a mí.
너를 나에게 인계했다.

b. Me entregaron a ti.
나를 너에게 인계했다.

단순과거 vs. 불완료과거 1: fue/era, estuvo/estaba, supo/sabía 사이에는 어떤 의미 차이가 존재하나요?

사건명사(ej. concierto, boda, examen, fiesta, etc.)가 ser동사의 과거시제와 결합할 경우 일반적으로 단순과거 fue와 결합하여 그 과정이 어떻게 종결되었는지를 표현한다. 반면에 불완료과거 era는 내부적 과정이 없는 비사건명사와 연결되어 표면적 묘사(descripción)를 표현한다. 불완료과거 sabía는 "알고 있었다"라는 정적인(estático) 의미를 나타내지만 단순과거 supo는 '깨닫다'라는 동적인(dinámico) 의미를 표현한다. 과거진행시제는 일반적으로 『estaba(n) + 현재분사』구문으로 나타내지만 진행되는 동사의 종결시점을 명시적으로 나타내는 부사(구)나 부사절과 함께 오면 『estuvo + 현재분사』구문으로 사용한다.

1. A: ¿Cómo fue el examen?
시험은 어땠니?

B: Fue muy difícil. Sobre todo, la última parte.
너무 어려웠어. 무엇보다, 마지막 부분이 어려웠어.

2. A: ¿Cómo era el examen?
시험은 어땠어?

B: Era un examen tipo test. Constaba de 120 preguntas.
시험 유형이 선다형이었고 120 문제로 구성되어 있었어.

스페인어는 과거완료를 제외하면 두 종류의 과거 시제가 존재한다. 과거의 동작이나 상황이 종결되었음을 표현하는 단순과거 canté와 진행, 습관, 묘사 등을 표현하는 불완료과거 cantaba가 그것이다. 문제는 한국인 학습자들에게 두 시제를 구분하여 사용하는 것이 쉽지 않을 뿐만 아니라 단순과거나 불완료과거를 사용했을 때 각각 발생하는 의미적 차이를 정확히 알기 어렵다는 것이다.

예를 들어, <대화 1>과 <대화 2>에서 볼 수 있듯이 단순과거 fue를 사용한 경우와 불완료과거 era를 사용한 경우 대답이 확연히 달라지는 경우가 있다. <대화 1>에서 A는 단순과거 fue를 사용하여 "시험의 (내부) 과정들(procesos)이 어떠했는지(¿Cómo fue el examen?)"를 묻고 있다. 따라서 B는 "시험(과정들)이 어려웠고(Fue muy difícil), 특히 마지막 부분이 어려웠다"고 대답한다. <대화 1>의 A에서 fue가 시험의 '과정'에 대해 묻고 있는 이유는 단순과거가 '시작과 끝을 포함하는 사건(evento)으로서 '시험(examen)'을 표현하기 때문이다. 이처럼 시작부터 끝까지의 여러 과정들을 포함하는 사건 명사 examen, concierto, fiesta, reunión, partido 등을 표현하는 경우는 일반적으로 단순과거 fue를 사용한다.

(1) a. La fiesta del sábado fue preciosa.
토요일 파티는 아름다웠다.

b. El partido de fútbol fue aburridísimo. No metieron ningún gol.
축구 경기는 너무 지루했다. 골을 하나도 넣지 못했다.

(GBEE: 140-141)

따라서 '주말 잘 보냈니?/ 주말 어땠어?'라는 표현을 스페인어로 한다면 ¿Cómo fue el fin de semana?가 올바른 표현이 되고 불완료과거 era를 사용하면 매우 어색한 표현이 된다. 주말을 어떻게 보냈는지 그 과정을 물어보기 때문이다.

한편, <대화 2>에서 A는 불완료과거 era를 사용함으로서 '시험의 (내부적) 과정'이 아닌 "시험의 (외부적) 유형이 무엇인지(¿Cómo era el examen?)"를 질문하고 있다. 따라서 B는 "시험의 유형이 선다형(tipo test)이고 120 문제로 구성되어 있었다"라고 대답한다. 이는 <대화 2>의 A에서 불완료과거 era를 사용함으로서 명사 examen을 과정이 있는 사건으로 보지 않고 단순히 표면적 묘사(descripción)의 대상으로 표현했기 때문이다. 즉, 불완료과거 era는 (2)에서처럼 주로 묘사의 대상이 될 수 있는 명사들과 함께 사용된다.

(2) a. Mi primera casa era enorme. Teníamos cinco dormitorios.
나의 첫 번째 집은 컸다. 침실이 다섯 개였다.

b. El ladrón era rubio, alto, con los ojos azules.
도둑은 금발에 키가 크고 푸른 눈이었다.

(GBEE: 141)

saber 동사를 단순과거 또는 불완료과거로 사용할 때에도 의미 차이가 생긴다.

(3) a. ¿Cómo sabía que Juan Luis saldría de la casa después de cenar?
후안 루이스가 저녁 식사 후에 그 집을 나설 것을 어떻게 알고 계셨어요?

b. Cuando supe que Javier era el anfitrión, se me pusieron los pelos de punta.
하비에르가 (파티) 호스트라는 사실을 알게 되었을 때, 놀라서 내 머리카락이 모두 서는 줄 알았어.

(CREA)

정신 활동(actividades mentales)을 표현하는 saber, pensar, creer 등의 동사를 과거 시제로 사용할 경우는 (3a)에서 보듯 일반적으로 불완료과거 시제를 많이 사용한다. 정신 활동을 표현하는 동사는 시작과 종결을 분명히 하는 단순과거 시제와는 어울리기 어렵기 때문이다. 그러나 (3b)에서는 단순과거 supe가 사용되었고, 이 경우 supe는 sabía와는 다른 뜻을 가진다. 즉, (3a)의 sabía는 "어떤 사실을 알고 있었다"라는 정적인(estático) 의미를 갖지만, (3b)의 supe는 "어떤 사실을 (순간적으로) 깨달았다(darse cuenta de~)"라는 의미의 동적인(dinámico) 뜻을 표현한다. 따라서 (3b)는 "하비에르가 (파티) 주최자라는 사실을 깨달았을 때 놀라서 머리카락이 곤두설 정도였다"라는 뜻으로 해석된다. 단순과거 supe는 saber의 행위가 종결되었음을 표현하고, 따라서 "깨닫다"라는 동적인 의미로 해석되기 때문이다.

estar동사도 단순과거와 불완료과거로 사용될 때 각각의 의미가 달라질 수 있다. 다음 예문을 살펴보자.

(4) a. Ayer Juan estaba en Madrid.
어제 후안은 마드리드에 있었다.

b. Ayer Juan estuvo en Madrid.
어제 후안은 마드리드에 있었다.

(GDLE: 3149)

(4a)의 불완료과거 estaba는 주어 Juan이 문장을 발화하는 순간인 지금도 마드리드에 있을(estar) 수 있다는 가능성을 열어두지만 (4b)에서처럼 단순과거 estuvo를 사용하면 지금은 Juan이 마드리드에 있지 않음을 의미한다. 이는 단순과거가 행위나 상태의 종결을 의미하지만 불완료과거는 그렇지 않기 때문이다.

잘 알려져 있듯이 estar동사는 현재분사와 함께 과거진행 시제를 만들 수 있다. '과거진행'이라는 구문의 성격상 일반적으로 불완료과거를 사용하여 『estaba(n) + 현재분사』구문을 만든다. 그러나 일부 문장에서는 (5)에서 보듯 반드시 단순과거를 사용해야 하는 경우가 있다.

(5) a. Le vi llegar al restaurante y le estuve esperando hasta que salió.
나는 그가 식당에 도착하는 것을 보았고 그가 떠날 때까지 그를 기다리고 있었다.

b. Hasta agosto de aquel año estuvo esperando, en vano, otro milagro.
그해 8월까지 헛되이 또 다른 기적을 기다리고 있었다.

(CREA)

(5)에서 과거진행 시제를 표현할 때 estar의 단순과거가 사용되는 이유는 진행의 동작이나 상태를 종결시켜주는 부사나 부사구가 문장에 함께 등장

하기 때문이다. 구체적으로 (5a)에서는 hasta que salió(떠날 때까지)라는 부사절을 통해 esperar의 동작의 종결 시점을 알 수 있고 (5b)에서는 부사구 Hasta agosto de aquel año(그해 8월까지)가 종결 시점을 명시적으로 나타내 주고 있기 때문에 단순과거형이 사용되어야 한다.

Tip!

다음 문장에서 보듯 불완료과거가 현재 시점에서 놀람(sorpresa)을 표현하는 경우 사용될 때가 있다.

(i) ¡Ah! ¿Pero tú estabas aquí?(=acabo de descubrir que estás aquí)
아! 너 여기 있었어? (=네가 여기 있다는 것을 방금 막 발견했다.)

(MEE: 41)

(i)에서 화자는 주어 tú가 이곳에 있는 줄 모르고 있다가 발견한 후 놀라서 "너 여기에 있었니?"라고 묻고 있다. 이 경우 불완료과거 estabas를 사용하는데 이는 불완료과거 estabas는 주어가 현재에 이곳에 있을 수 있는 가능성을 배제하지 않기 때문이다. 만약 단순과거 estuviste를 사용한다면 주어 tú는 현재 이곳에 있을 수 없다는 의미이기 때문에 뜻이 서로 상충되어 매우 어색한 문장이 됨을 설명할 수 있다.

LA NACION | LUNES 16 DE MARZO DE 2020

Los supermercados estuvieron desbordados, pero abastecidos y sin aumentos de precios

Las ventas subieron hasta 200% en rubros de consumo masivo; faltantes puntuales

단순과거 vs. 불완료과거 2: tuvo/tenía que + 동사원형, pudo/podía + 동사원형 간에는 어떤 의미 차이가 존재하나요?

단순과거가 사용된 『tuvo que + 동사원형』은 의미적으로 행위의 결과를 포함하지만 불완료과거가 사용된 『tenía que + 동사원형』구문은 과거의 상황만을 묘사할 뿐 결과는 알 수 없다. 따라서 Tuvo que salir는 '나와야 했고 실제로 나왔다'라는 의미의 문장이고 Tenía que salir는 '나와야 하는 상황'만을 의미할 뿐 그 결과는 알 수 없다. 『poder + 동사원형』구문에도 동일한 의미적 차이가 존재한다. 단순과거가 사용된 Pude salir는 "나올 수 있었고 실제로 나왔다"라는 의미의 문장이고 Podía salir는 "나올 수 있는 상황"만을 의미하고 실제로 나왔는지에 대한 결과는 알 수 없는 문장이다.

1. A: ¿Cómo fue la fiesta de tu cumpleaños?
   네 생일 파티는 어땠어?

   B: Como no vino nadie, tuve que cenar solo.
   아무도 오지 않아서 혼자 저녁식사를 해야 했어.

   A: Perdóname. Yo tenía que ir a la fiesta, pero me quedé dormido.
   미안해. 내가 파티에 가야 했는데, 잠들어 버렸어.

의무를 표현하는 『tener que + 동사원형』구문은 단순과거와 불완료과거 시제가 각각 적용될 때 그 의미가 달라진다. <대화 1>에서 B는 "아무도 오지 않아서 혼자 저녁식사를 해야 했다(tuve que cenar solo)"고 말한다. 단순과거를 사용한 tuve que cenar solo라는 문장은 "홀로 저녁식사를 해야 했고 실제로 그렇게 했다"라는 의미를 담고 있다. 이 경우 단순과거 tuve는 행위가 이루어졌고 종결됐음을 뜻하기 때문이다. 한편 대화문에서 두 번째 A는 "내가 파티에 가야 했지만(tenía que ir a la fiesta) 잠들어 버렸다"고 말한다. 불완료과거를 사용한 tenía que ir a la fiesta라는 문장은 "내가 파티에 가야 했었다"라는 당시의 상황만을 묘사(descripción)하고 있을 뿐 이후 실제 행위가 이루어졌는지는 알 수 없다. 불완료과거 tenía가 행위가 실제 이루어졌는지에 대한 관심이 없기 때문이다. 단순과거와 불완료과거 간의 이 같은 의미적 차이점으로 인해 tener que ir a la fiesta와 반대의 결과를 암시하는 pero me quedé dormido 문장은 반드시 불완료과거 tenía와만 연결될 수 있다. (1)의 예문에서도 이를 확인할 수 있다.

(1) a. Yo solamente tuve que comprar la sirena y la saqué muy barata.
나는 오로지 그 사이렌 경보기를 사야만 했고 그것을 싸게 샀다.

b. ... tenía que visitar a los muchachos. No obstante no los visitaba.
(난) 그 아이들을 방문해야 했다. 그러나 방문하지 못했다.

(CREA)

(1a)의 tuve que comprar는 "실제로 구매했다"는 의미를 포함하기 때문에 la saqué muy barata(매우 싸게 샀다) 문장과 자연스럽게 연결될 수 있다. 한편 (1b)의 tenía que visitar a los muchachos는 소년들을 실제로 방문했는지의 여부는 알 수 없고 당시 상황만을 묘사하는 문장이다. 따라서 반대의 결과를 뜻하는 no los visitaba(그들을 방문하지 않았다)라는 문장이 뒤따르더라도 의미적으로 상충되지 않음을 알 수 있다. 동일한 관점에서 『tenía(불완

료과거) que haber + 과거분사』구문이 과거에 이루지 못한 사실을 표현함을 설명할 수 있다.

(2) Teníamos que haberlo dicho. (= ¡Ojalá lo hubiéramos dicho!)
우리는 그것을 말했어야만 했다. (=우리가 그것을 말했더라면 좋았을 텐데!)
(GDLE: 3353)

(2)는 "우리가 그것을 말했더라면 좋았을 텐데 (말하지 못 했다)"라는 뜻의 문장으로 과거에 이루지 못한 행위에 대한 아쉬움을 표현한다. 이 경우 teníamos를 사용하고 tuvimos는 사용할 수 없다. 단순과거 tuvimos가 행위를 실현했다는 의미를 포함하기 때문에 이루어지지 않은 과거 시제 haberlo dicho의 행위와 어울릴 수 없기 때문이다.

가능성을 표현하는 『poder + 동사원형』구문에서도 단순과거와 불완료과거가 사용될 때 각각 그 의미가 달라진다. 구체적으로, 단순과거를 사용한 『pudo + 동사원형』구문은 "~할 수 있었고 실제로 ~했다"라는 의미로 사용되고 불완료과거가 사용된 『podía + 동사원형』는 "~할 수 있었다"라는 과거의 상황만을 묘사한다. 따라서 불완료과거 podía가 사용되면 실제 행동 여부의 결과는 알 수 없다. 다음 문장들은 이 같은 의미적 특징을 잘 설명해준다.

(3) a. Cuando por fin pude salir de la habitación, bajé al vestíbulo.
마침내 내가 방을 나갈 수 있었을 때 현관으로 내려갔다.

b. Héctor se podía ir a donde quisiera. Pero se tardó mucho.
엑토르는 원하는 곳으로 갈 수 있었다. 그러나 시간이 많이 걸렸다.
(CREA)

(3a)에서 pude salir de la habitación는 “실제로 방을 나왔다”는 의미를 표현하고 있기 때문에 이어지는 문장 bajé al vestíbulo(현관으로 내려갔다)와 자연스럽게 연결될 수 있다. 한편 (3b)의 se podía ir a donde quisiera는 “원하는 곳 어디든 갈 수 있었다”라는 당시의 상황만을 묘사할 뿐 실제로 동사의 행위 결과는 알 수 없다. 따라서 반대의 결과를 암시하는 Pero se tardó mucho(하지만 많이 늦어졌다) 문장이 뒤따르더라도 의미적으로 문제가 없다. 만약 (3b)에서 단순과거 pudo가 사용된다면 “실제로 떠났다”는 의미가 되므로 다음 문장과의 연결이 어색해질 것이다.

Tip!

스페인어에서 예의적 표현(expresión de cortesía)을 만들 때 의미적으로는 현재 시제이지만 동사를 과거와 관련된 시제로 사용한다. 이는 현재의 상황을 과거 시제로 이동시킴으로서 직접적이고 단언적인 표현을 부드럽게 순화시켜주는 기능을 하기 때문이다. 이 경우 불완료과거(quería), 가정미래(querría), 접속법과거(quisiera) 시제가 사용될 수 있지만 단순과거(quise)의 사용은 불가하다. 단순과거 시제는 본문에서 설명했듯이 행위의 실제 결과를 포함하기 때문이다. 예를 들어 (i)에서 사용한 불완료과거는 의미적으로 행위 결과를 포함하지 않기 때문에 예의적 표현으로 사용될 수 있지만 (ii)에서처럼 단순과거를 사용하면 의미적으로 과거의 실제 행위를 포함하기 때문에 예의적 표현으로 사용할 수 없는 것이다.

(i) a. Le quería pedir un favor.
부탁 좀 드리고 싶습니다.

b. ¿No podíamos salir un poco antes?
우리가 조금 일찍 나갈 수 있겠습니까?

(NGLEM: 445)

(ii) a. El futbolista quiso pedir ayuda a la mujer del bar.
그 축구 선수는 바의 여자에게 도움을 청하길 바랐다.

b. Nos levantamos tarde ... y no pudimos salir ese día.
우리는 늦게 일어났어요 ... 그리고 그 날 외출 못 했어요.

(CREA)

『Hace + 시간명사 + que ~』와 『~ (desde) hace + 시간명사』 구문에는 어떤 제약이 있나요?

『Hace + 시간명사 + que ~』구문과 『~ (desde) hace + 시간명사』구문에 결합할 수 있는 시제는 현재(canto)/현재완료(he cantado), 단순과거(canté)/불완료과거(cantaba)이며 과거완료(había cantado)는 결합하지 못한다.

1. A: ¿Cuándo lo conociste?
   언제 그를 알게 됐어?

   B: Lo conocí hace un año.
   1년 전에 알았어.

2. A: ¿Cuánto hace que lo conociste?
   그를 알게 된지 얼마나 되었니?

   B: Hace un año que lo conocí.
   그를 알게 되고 1년이 되었어.

『Hace + 시간명사 + que ~』은 시간의 경과를 나타내는 구문으로 "~한지 ~시간이 흘렀다", "~전에 ~했다/~전부터 하고 있다"의 의미를 표현한다. 잘 알려져 있듯이 해당 구문은 (1), (2)에서 보듯 『~ (desde) hace + 시간명사』 구문으로 바꾸어 표현할 수 있다.

(1) a. Hace dos años que estudio español.
내가 스페인어 공부한지 2년 되었다.

b. Estudio español desde hace dos años.
나는 2년 전부터 스페인어를 공부하고 있다.

(2) a. Hace poco tiempo que vi/he visto a Irene.
내가 이레네를 본지 얼마 안 되었다.

b. Vi/He visto a Irene hace poco tiempo.
나는 얼마 전에 이레네를 보았다.

『~ (desde) hace + 시간명사』구문을 사용할 때 전치사 desde는 그 의미(~이래로)때문에 (2b)에서 볼 수 있듯이 단순과거, 현재완료처럼 완료를 표현하는 동사 시제와는 함께 사용될 수 없다. 대신, (1b)에서처럼 불완료 시제인 현재시제 동사와는 함께 나타날 수 있다. (1a)와 (2a) 구문이 (1b)와 (2b)로 각각 바꾸어 표현할 수 있다는 사실은 학습자들에게 두 구문이 의미적으로 완전히 일치한다는 오해를 종종 불러일으키기도 한다. 그러나 두 구문은 의미적으로 유사할지언정 일치하지는 않는다. 제시된 <대화 1>과 <대화 2>는 두 구문의 의미적 차이점을 잘 보여준다. 예를 들어 구체적 시점을 물어보는 ¿Cuándo lo conociste?라는 질문에 Lo conocí hace un año라는 대답은 적절하지만 Hace un año que lo conocí는 어색한 대답이 된다. 즉, 『Hace + 시간명사 + que ~』구문은 종속절의 사건(lo conocí)이 일어나고 일정 시간(un año)이 흘러감(transcurrir)에 의미적 주안점을 둔다. 따라서 Hace un año que lo conocí의 정확한 의미는 "그를 알게 되었고 (그 후로) 일 년의 시간이 지났다"라는 뜻이 되고 이는 <대화 2>에서 ¿Cuánto hace que lo conociste? 라는 질문에 대한 대답으로 해당 문장이 사용되어야 하는 이유가 된다.

『Hace + 시간명사 + que ~』구문과 『~ (desde) hace + 시간명사』구문을 만들 때 동사의 시제 선택에 제약이 따른다. 우선 두 구문이 모두 "~전에 일어난 사건" 또는 "~이래로 지금도 진행 중인 사건"을 표현하기 때문에 현재시제인 hace와 같거나 이보다 앞선 시제만 가능하다. 따라서 현재/현재완료, 단순과거/불완료과거 시제는 가능하지만 미래(conoceré)/미래완료(habré conocido), 가정미래(conocería)/가정미래완료(habría conocido), 그리고 과거완료(había conocido)는 불가능하다. 과거완료는 시제의 특성 상 과거의 어떤 시점보다 앞선 과거, 즉 대과거(pluscuamperfecto)를 나타내므로 현재를 기점으로 시간 경과를 표현하는 『Hace + 시간명사 + que ~』와 『~ (desde) hace + 시간명사』구문에서는 사용될 수 없다(☞ Ítem 39 참고).

(3) a. *Hace un mes que estudiaré español.
내가 스페인어를 공부할지 한 달되었다.

b. *Estudiaré español (desde) hace un mes.
나는 한 달 전부터 스페인어를 공부할 겁니다.

(4) a. *Hace un mes que había ido a México.
멕시코를 (그 이전에) 갔었는지 한 달되었다.

b. *Había ido a México hace un mes.
한 달 전에 멕시코를 (그 이전에) 갔었다.

Tip!

『Hace + 시간명사 + que ~』와 『~ (desde) hace + 시간명사』구문과 의미적으로 유사한 표현으로 『llevar + 시간명사 + 현재분사』구문이 있다.

(i) a. Hace una semana que trabajo aquí.
내가 여기서 일한 지 일주일 되었다.

b. Trabajo aquí desde hace una semana.
나는 일주일 전부터 여기서 일한다.

c. Llevo una semana trabajando aquí.
여기서 일하면서 일주일을 지냈다.

유의할 점은 llevar 동사가 항상 현재분사를 동반하지는 않는다는 사실이다. 즉, 동작이 아닌 상태를 표현하는 경우는 과거분사를 사용해야 하고 경우에 따라 전치사구를 동반할 수도 있다.

(ii) a. Llevamos 25 años casados.
우리는 결혼한 지 25년 되었다.

b. Ya llevo mucho tiempo de entrenador en este equipo.
이 팀에서 감독으로 이미 오랜 시간을 보내고 있다.

『Hacía + 시간명사 + que ~』 구문과 『~ (desde) hacía + 시간명사』 구문은 언제 사용하나요?

『Hacía + 시간명사 + que ~』와 『~ (desde) hacía + 시간명사』 구문은 과거의 어떤 시점을 기준으로 "~한지 ~시간이 흘렀다", "~전에 ~했다/~전부터 하고 있었다"의 의미를 표현한다. 따라서 동사는 불완료과거(cantaba)나 과거완료(había cantado) 시제를 사용한다.

1. A: Cuando te visité, ¿qué estabas haciendo en la oficina?
   내가 널 방문했을 때, 사무실에서 뭐하고 있었니?

   B: Hacía unas dos horas que preparaba un informe.
   (방문했을 때는) 보고서 준비하고 있은 지 대략 두 시간 되었을 때야.

2. A: ¿Estaban Uds. en Nueva York cuando ocurrieron los atentados del 11 de septiembre?
   9월 11일 테러가 일어났을 때 당신들은 뉴욕에 있었나요?

   B: No. Ya habíamos regresado a Corea hacía dos días.
   아닙니다. 테러 이틀 전에 이미 한국에 돌아와 있었습니다.

현재형 동사 hace가 아니라 불완료과거형 hacía를 사용한 『Hacía + 시간명사 + que ~』와 『~ (desde) hacía + 시간명사』구문은 <대화 1, 2>에서 볼 수 있듯이 과거의 한 시점을 기준으로 "(그 당시) ~전에 ~했다/~전부터 ~하고 있었다"의 의미를 표현할 때 사용된다. 동작이 진행 중이라면 <대화 1>에서처럼 불완료과거 preparaba를 사용하고 완료된 동작이나 상황이라면 <대화 2>에서처럼 과거완료 habíamos regresado를 사용한다. (1)에서도 이를 확인할 수 있다.

(1) a. Hacía un año que salían juntos.
(그 당시) 함께 사귄 지 일 년 되었다.

b. Hacía dos años que la guerra había acabado y seguía sin haber suficiente comida.
(그 당시) 전쟁이 끝난 지 2년 되었고 양식 부족이 지속되고 있었다.

(GDLE: 3174)

주의할 사항은 <대화 2>와 (1b)에서 보았듯이 이미 완료된 동작이나 상황의 경우는 단순과거 대신 일반적으로 과거완료를 사용해야 한다는 점이다.[15] 이는 『Hacía + 시간명사 + que ~』와 『~ (desde) hacía + 시간명사』구문이 과거의 한 시점을 기준으로 "~전에 이미 ~했다"라는 대과거(pluscuamperfecto) 의미를 표현하기 때문이다. (2)에서 다시 한 번 이를 확인할 수 있다.

15) i)에서 보듯 『Hacía + 시간명사 + que ~』와 『~ (desde) hacía + 시간명사』구문에 단순과거(canté)를 사용하는 경우도 존재한다. 그러나 사용 빈도수에 있어서 과거완료의 사용이 훨씬 더 선호됨을 기억하자.

i) Hacía mucho tiempo que Moira prometió llevarle junto a la pequeña Minie.
(그 당시는) 모이라가 그를 작은 미니(Minie)에게로 데려다준다고 약속한지 많은 시간이 흘렀을 때였다.
(CREA)

(2) a. (En aquel entonces) Hacía seis meses que había dejado atrás aquel mundo.
(그 당시는) 그 세계를 등진 지 6개월 된 시점이었다.

b. Volvía a lugares que había dejado de frecuentar hacía años.
(이미) 몇 년 전에 자주 가는 것을 그만 두었던 장소들로 돌아가고 있었다.

(CREA)

한편, 『~ (desde) hacía + 시간명사』구문을 사용할 경우 전치사 desde는 Ítem 38에서 설명했듯이 완료를 표현하는 시제들과는 함께 사용할 수 없기 때문에 과거완료와는 사용될 수 없고(cf. (3a)), 불완료 시제인 불완료과거와는 함께 할 수 있다(cf. (3b)).

(3) a. *Clara lo había conocido desde hacía dos años.
(그 당시) 클라라는 2년 전부터 그를 알았다.

b. Ella sabía la dirección exacta desde hacía tiempo.
(그 당시에) 그녀는 얼마 전부터 정확한 주소를 알고 있었다.

(NGLE: 1834-1835)

(3a)는 지속적 의미 '~이래로'를 표현하는 전치사 desde가 완료 및 종결을 나타내는 과거완료 시제 había conocido와 함께 사용될 수 없기 때문에 비문법적 문장이 된다. 따라서 (3a)에서 desde를 제거하면 (4)에서 보듯 문장은 다시 문법적 문장이 됨을 볼 수 있다.

(4) Clara lo había conocido hacía dos años.
(그 당시) 클라라는 2년 전에 그를 알았다.

(NGLE: 1835)

『Hizo/Hará + 시간명사 + que ~』구문과 『~ hizo/hará + 시간명사』구문의 정확한 의미는 무엇인가요?

『Hizo + 시간명사 + que ~』와 『~ hizo + 시간명사』구문은 과거의 구체적 시점이 명시된 경우 사용하며 동사는 단순과거(canté) 시제만 사용한다. 『Hará + 시간명사 + que ~』와 『~ hará + 시간명사』구문도 미래를 나타내는 구체적 시점이 정해진 경우 사용된다. 미래시제 hará가 사용되었기 때문에 사용 가능한 동사는 미래보다 앞선 시제, 즉, 미래완료(habré cantado), 현재(canto), 현재완료(he cantado), 단순과거(canté) 시제이다. 불완료과거(cantaba)는 구체적 시점이 정해져 있는 『Hizo/Hará + 시간명사 + que ~』와 『~ hizo/hará + 시간명사』의 모든 구문에서 사용이 불가하다.

1. A: ¿Sabes cuándo se casó Pedro?
   페드로가 언제 결혼했는지 아니?

   B: Sí. Se casó ayer hizo un año.
   응. 어제가 결혼한 지 1년 되는 날이었어.

A: Entonces, mañana hará un año también que su padre murió, porque falleció dos días después de la boda.
그러면, 결혼식 이틀 뒤에 그의 아버지께서 돌아가셨으니까, 내일이 돌아가신 지 1년이 되는 날이네.

앞서 살펴본 『Hacía + 시간명사 + que ~』와 『~ (desde) hacía + 시간명사』 구문과는 달리 단순과거 hizo가 사용되어 『Hizo + 시간명사 + que ~』와 『~ hizo + 시간명사』구문을 형성하는 경우가 있다. 이 구문의 가장 두드러진 특징은 <대화 1>의 B와 (1a)에서 보듯 과거의 구체적 시점이 명시되어야 한다는 것이다.

(1) a. Antonio se fue ayer hizo dos meses.
어제가 안토니오가 떠난 지 두 달 째 되는 날이었어.

b. *Antonio se fue hizo dos meses.
안토니오가 떠난 지 두 달 째 되는 날이었어.

(NGLE: 1835)

『~ hizo + 시간명사』구문인 (1a)에서 ayer는 hizo dos meses와 연결되는 과거의 구체적 시점으로 기능한다. 즉, '어제(ayer)'를 기점으로 해서 '두 달 전(hizo dos meses)'에 '떠났다(se fue)'는 행위가 이루어졌다는 의미이다. 따라서 그 의미는 "어제가 안토니오가 떠난 지 두 달 째 되는 날이다"라고 번역할 수 있다. (1b)가 비문법적 문장이 되는 이유는 과거의 구체적 시점인 ayer가 없기 때문이다. 즉, hizo dos meses는 정확히 두 달의 경과를 나타내지만 시간 경과의 구체적 출발점이 존재하지 않기 때문에 문장은 그 의미를 잃게 되는 것이다.

문장 (2)는 『Hizo + 시간명사 + que ~』구문에서도 (과거의) 구체적 시점이 필수적으로 나타나야 함을 보여준다.

(2) El pasado 20 de mayo hizo un año ya que Jackie Kennedy Onassis, ..., se fue para siempre, víctima de un cáncer linfático en su apartamento.
지난 5월 20일은 제클린 케네디 오나시스가 그녀의 아파트에서 임파선 암으로 영원히 세상을 떠난 지 벌써 일 년이 되는 날이었다.
(CREA)

(2)에서 과거의 구체적 시점 el pasado 20 de mayo는 hizo un año와 연결되어 시간 경과의 출발점이 되고 동사 se fue는 시간의 흐름이 끝나는 시점을 표현한다. 따라서 정확한 번역은 "지난 5월 20일은 제클린 케네디 오나시스가 그녀의 아파트에서 임파선 암으로 영원히 세상을 떠난 지 벌써 일 년이 되는 날이었다"가 된다.

이제 미래 시제 hará가 사용된 『Hará + 시간명사 + que ~』와 『~ hará + 시간명사』구문이 어떻게 그리고 어떤 의미로 사용되는지 살펴보자.

(3) a. Mañana hará seis años que lo conozco.
내일이면 내가 그를 알게 된지 6년이 되는 날이다.

b. Su marido murió mañana hará ocho meses.
내일이면 그녀의 남편이 죽은 지 8개월이 되는 날이다.
(GDLE: 1749, NGLE: 1835)

(3)에서 보듯 『Hará + 시간명사 + que ~』와 『~ hará + 시간명사』구문 모두 구체적 미래 시점 mañana를 요구하고 있다. 이는 앞서 본 hizo 구문과 마찬가지로 hará 구문에서도 구체적 미래 시점 mañana가 시간 흐름의 출발점 역할을 한다는 의미이다. 따라서 (3a)와 (3b)는 각각 "내일이면 내가 그를 알게 된지 6년이 되는 날이다"와 "내일이면 그녀의 남편이 죽은 지 8개월이 되는 날이다"로 번역될 수 있다.

『Hará + 시간명사 + que ~』와『~ hará + 시간명사』구문에 반드시 명시적 미래 시점이 포함되어야 한다는 본문의 설명과는 달리 (i)에서처럼 구체적 미래 시점이 없지만 hará가 사용된 경우를 볼 수 있다.

(i) Se escapó de casa hará seis meses.
아마도 6개월 전쯤에 집을 나갔을 거야

(NGLE: 1833)

그러나 (i)에서 사용된 hará는 본문의 『Hará + 시간명사 + que ~』나『~ hará + 시간명사』구문과는 다른 것이다. 즉, (i)의 hará는 hace대신 사용되어 추측(probabilidad)을 표현하는 역할을 한다. 따라서 (i)은 "아마도 6개월 전쯤에 집을 나갔을 거야"라는 의미를 가진다. 스페인어에서 미래시제는 (ii)에서 보듯 현재 시제의 추측을 표현할 때 사용될 수 있기 때문이다.

(ii) a. - ¿Qué hora es? -Son las siete.
- 몇 시에요? - 일곱 시에요.

b. - ¿Qué hora será? -Serán las siete. (추측)
- 몇 시쯤일까? - 일곱 시쯤 된 것 같아요.

이 같은 설명은 과거에 대한 추측(probabilidad del pasado) 구문에도 적용될 수 있다. 예를 들어, 『Hacía + 시간명사 + que ~』구문에서 hacía대신 haría가 사용되면 (iiib)처럼 과거에 대한 추측의 의미를 담은 문장이 만들어진다.

(iii) a. Hacía dos años que la guerra había acabado.
(그 당시) 전쟁은 2년 전에 끝난 시점이었다.

b. Haría dos años que la guerra había acabado. (추측)
(그 당시) 전쟁은 2년 전에 끝난 시점이었을 거야.

관사 lo, la를 사용하여 감탄문을 만들 수 있어요.

중성관사 lo가 사용된 『lo + 형용사/부사 + que ~』구문은 정도(grado)를 표현하는 감탄문으로 사용되므로 "얼마나 ~한지"의 뜻을 가진다. 한편 여성관사 la/una가 사용된 『la/una + de + 명사 + (que ~)』구문은 수나 양이 많음을 표현하므로 "얼마나 많은 ~"으로 번역한다.

1. A: ¿Has visto a esa chica? ¿Cómo es?
   그 여자아이 봤니? 어때?

   B: No te puedes imaginar lo hermosa que es.
   얼마나 예쁜지 너는 상상도 못할 거야.

2. A: Ha sido muy difícil fichar a ese jugador, ¿verdad?
   그 선수를 영입하는 것이 무척 어려웠지, 그렇지?

   B: Claro que sí. Hay que ver la de tiempo que costó convencerle.
   물론이야. 그를 설득하는데 얼마나 많은 시간이 들었는지 알아야 해.

스페인어 감탄문을 만들 때 일반적으로 『의문사 + 명사/형용사/부사 +(동사) +(주어)』 구조를 취한다. 그러나 <대화 1>과 <대화 2>에서 보듯 중성관사 lo나 여성 관사 la/una를 사용하여 감탄문 또는 강조 구문을 만드는 경우가 있다. 따라서 <대화 1>의 B는 "그녀가 얼마나 아름다운지(lo hermosa) 너는 상상도 못할 거야"라고 해석될 수 있고, <대화 2>의 B는 "물론이지. 그를 설득하는데 얼마나 많은 시간(la de tiempo)이 들었는지 알아야 해"로 번역될 수 있다.

먼저 중성관사 lo를 사용한 강조/감탄 구문을 알아보자.

(1) a. ¡Lo interesante que es ese libro!
a'. ¡Qué interesante es ese libro!
그 책은 얼마나 재미있는지!

b. ¡Lo curiosa que es Amanda!
b'. ¡Cuán curiosa es Amanda!
아만다가 얼마나 호기심이 강한지!

(GDLE: 829)

『lo + 형용사/부사 + que ~』구문은 (1a')와 (1b')의 감탄문과 매우 유사한 뜻을 표현해주는 문장으로 사용된다. 감탄문과 동일하게 종속절로 사용이 가능하고 부사를 강조할 수도 있다.

(2) a. No te imaginas lo interesante que es ese libro.
그 책이 얼마나 재미있는지 너는 상상도 못할 거야.

b. Ya sabe lo curiosa que es Amanda.
아만다가 얼마나 호기심이 강한지 그는 이미 알고 있다.

(3) a. ¡Lo bien que cantaba!
노래를 얼마나 잘 했는지!

b. ¡Lo cerca que estaba de ella!
그녀에게 얼마나 가까이 있었는지!

(GDLE: 829-830)

주의해야 할 점은 중성관사 lo와 결합하는 요소가 형용사일 경우 이 형용사는 (4)에서 보듯 que ~ 절 내부의 명사구와 일치해야 한다는 것이다.

(4) a. ¡Lo interesante que es ese libro!
a'. *Lo interesantes que es ese libro.
그 책은 얼마나 재미있는지!

b. ¡Lo curiosa que es Amanda!
b'. *Lo curioso que es Amanda.
아만다가 얼마나 호기심이 강한지!

(GDLE: 829)

(4a')와 (4b')가 비문법적 문장이 되는 이유는 lo와 결합한 형용사 interesantes, curioso가 각각 que ~ 절 내부의 명사구 ese libro, Amanda와 일치되지 않았기 때문이다. 이제 『la/una + de + 명사 + (que ~)』구문을 살펴보자.

(5) a. No sabes la de trastos que había en el baúl.
그 궤짝에 얼마나 많은 집기들이 있었는지 넌 몰라.

b. Encontré una de libros increíble.
나는 믿을 수 없을 만큼 많은 책들을 발견했다.

(MEE: 26)

(5)에서 la/una는 여성명사 cantidad이 생략되고 남은 관사이다. 따라서 『la/una + de + 명사 + (que ~)』구문은 많은 수나 양을 표현하는 감탄문 또는 강조 구문을 만들 때 사용할 수 있다. 따라서 (5a)와 (5b) 문장은 각각 "궤짝에 얼마나 많은 도구가 있었는지 넌 모를 거야"와 "믿기 힘들 만큼 많은 책들을 발견했어"로 번역해야 한다. 『la/una + de + 명사 + (que ~)』구문은 (6)에서처럼 독립적으로 감탄문을 형성하기도 한다.

(6) a. ¡La de problemas que he tenido este año!
올해 내가 얼마나 많은 문제가 있었는지!

b. ¡La de licor que bebe!
얼마나 많은 술을 마시는지!

c. ¡La de chocolate que toma!
얼마나 많은 초콜릿을 먹는지!

(GDLE: 4001)

La de libros
que tiene!
El Ateneo

동사원형 관계절(relativas de infinitivo)은 언제 사용할 수 있나요?

동사원형(infinitivo) 관계절은 다음과 같은 조건 하에서 사용할 수 있다. ① 선행사가 비한정적이다. ② 선행사는 동사원형의 주어가 될 수 없다. ③ 주절 동사는 'encontrar, buscar(찾음)', 'necesitar, faltar(필요)', 'querer, desear(원망)', 'tener, poseer(소유)', 'quedar, haber(존재)' 등의 일부 동사로 제한된다.

La dicha de la vida consiste en tener siempre algo que hacer, alguien a quien amar y alguna cosa que esperar.
항상 할 일이 있고, 사랑할 사람이 있고 기대하는 일이 있을 때 인생은 행복한 것이다.

Thomas Chalmers

관계절 구문이라 하면 두 개의 문장이 관계사를 통해 하나의 문장으로 연결된 형태를 의미한다. 이때 일반적으로 관계절에 시제동사가 사용되지만 (1)의 경우는 시제동사가 아닌 동사원형(infinitivo)이 사용되었다.

(1) a. No hay nada que hacer.
할 일이 아무것도 없다.

b. No encuentran sitio donde sentarse.
그들은 앉을 자리를 찾지 못한다.

c. Te queda mucho que aprender.
너는 배울 것이 많이 남아 있다.

d. Están buscando un abogado a quien recurrir.
그들은 도움을 청할 변호사를 찾고 있다.

(GDLE: 2290-2291)

위와 같은 구문을 동사원형 관계절(relativas de infinitivo)이라 부르며 다음의 세 가지 조건을 모두 만족시킬 때 사용할 수 있다. 첫 번째 조건으로 선행사는 algo, alguien, nada, nadie같은 부정대명사(pronombres indefinidos), 또는 mucho(s), poco(s), varios, un(a), dos등을 동반한 명사구나 무관사 명사구처럼 비한정적(indefinido) 해석을 받는 명사구 이어야 한다.

(2) a. Le quedan {algunas/tres/varias/muchas} preguntas que responder.
그는 대답해야할 {몇몇/세 개의/여러 개의/많은} 질문들이 남아있다.

b. *Le quedan {las/estas/mis} preguntas que responder.
그는 대답해야할 {그/이/나의} 질문들이 남아있다.

(GDLE: 2291)

(2b)는 선행사 'preguntas'가 정관사, 지시형용사, 소유대명사를 동반하여 한정적(definido) 해석을 받으므로 동사원형 관계절을 사용할 수 없고, 따라서 비문이 된다.

두 번째 조건으로, 선행사는 동사원형의 목적어나 전치사의 목적어는 될 수 있지만, 주어는 될 수 없다. 이는 동사원형이 자신의 주어와 문법적 일치를 할 수 없다는 형태적 특성에 근거한 조건이다.

(3) a. No tengo vestido que ponerme.
나는 입을 원피스가 없다.

b. Busca a una estudiante con quien hablar.
그는 함께 이야기할 학생을 한 명 찾고 있다.

c. *Quiere un bolígrafo que escribir bien.
그는 잘 써지는 볼펜을 하나 원한다.

d. *Busca un mecánico que arreglarle el coche.
그의 차를 수리해 줄 기술자를 찾고 있다.

(GDLE: 2291-2293)

(3c)와 (3d)에서 선행사 'un bolígrafo'와 'un mecánico'는 각각 동사 escribir와 arreglar의 주어이므로 비문이 된다.

세 번째로 주절 동사는 'encontrar, buscar(찾음)', 'necesitar, faltar(필요)', 'querer, desear(원망)', 'tener, poseer(소유)', 'haber, quedar(존재)' 등의 일부 동사로 제한되어 있다. 이 동사들은 의미적으로 목적어의 존재(existencia)를 함의하지 않는 동사들(encontrar, buscar, necesitar, faltar, querer, desear)이거나, 목적어가 존재하더라도 비한정적 의미의 목적어를 취하는 동사들(tener, haber, quedar)이라는 특징을 갖고 있다.

(4) a. Necesita un hombre en quien confiar.
그는 믿을만한 사람을 필요로 한다.

b. *Ama a un hombre en quien confiar.
그는 믿을만한 사람을 사랑한다.

c. Julia quiere un cuchillo con el que cortar el salmón.
훌리아는 연어를 자를 나이프를 원한다.

d. *Julia ha roto un cuchillo con el que cortar el salmón.
훌리아는 연어를 자를 나이프를 부러뜨렸다.

(GDLE: 2292)

(4b)와 (4d)는 각각 amar와 romper동사를 사용하였는데 이들 동사는 원형관계절에 사용될 수 없는 동사이다. 따라서 두 문장은 비문이 된다.

한편 동사원형 관계절은 항상 제한적(restrictiva)용법의 관계절에서만 사용이 가능하고 (콤마가 삽입된) 설명적(explicativa) 용법 구문에서는 불가하다.

(5) a. Han encontrado un pueblecito maravilloso en el que pasar el verano.
그들은 여름을 보낼 아름다운 작은 마을을 발견했다.

b. *Han encontrado un pueblecito maravilloso, en el que pasar el verano.
그들은 아름다운 작은 마을을 발견했다. 그곳에서 여름을 보낼 것이다.

(GDLE: 2291)

(5b)의 비문법성은 설명적 관계절 구문과 동사원형 관계절의 고유한 특징이 서로 충돌하기 때문에 발생한다. 즉, 설명적 관계절 속의 선행사는 항상 한정적 의미를 갖는 반면 동사원형 관계절의 선행사는 비한정적 의미를 갖기 때문에 두 구문은 한 문장으로 만들어질 수 없다.

Tip!

동사원형 관계절처럼 동사원형을 사용하는 간접의문문이 존재한다. 아래의 동사원형 간접의문문은 전형적으로 『No saber/decir ~』구문에서 주로 사용되며 의문문은 접속사 si, 또는 (전치사 동반) 의문사로 시작한다. 동사원형의 주어는 주절 주어와 일치한다.

(i) a. No sé qué decirte.
너에게 무슨 말을 해야 할지 모르겠어.

b. Juan no sabe {si/cómo} solucionarlo.
후안은 그것을 {해결할 수 있을지/어떻게 해결할지} 모른다.

c. No me han dicho en {quién/qué abogado} confiar.
그들은 내게 {누구를/어떤 변호사를} 신뢰하는지 말하지 않았다.

(GDLE: 2185-2186, 2298)

동사원형 간접의문문을 만들 때에도 일부 제약이 있는데, 의문사 por qué를 사용할 수 없고 의문사가 동사원형의 주어가 될 수 없다. (iia)는 por qué가 사용되었고, (iib)와 (iic)는 quién과 qué atletas가 각각 동사원형의 주어로 사용되어 비문법적 문장이 된다.

(ii) a. *No sé por qué trabajar.
나는 일하는 이유를 모른다.

b. *No sé quién escribir esa carta.
나는 누가 그 편지를 쓰는지 모른다.

c. *No le han dicho qué atletas participar en la carrera.
그들은 그에게 어떤 육상 선수가 경주에 참가하는지 말하지 않았다.

(GDLE: 1948, 2296)

사실을 뜻하는『el hecho de que ~』 구문에는 왜 접속법이 주로 사용되나요?

한국어로 "~라는 사실"을 뜻하는『el hecho de que ~』구문을 만들 때 화자와 청자가 이미 알고 있는 사실을 언급할 경우는 접속법 동사를 사용하고 새로운 사실을 청자에게 알려줄 때는 직설법 동사를 사용한다.

1. A: Carmen, ¿qué te pasa? Te veo muy deprimida.
카르멘, 무슨 일 있어? 너 굉장히 우울해 보이네.

B: El hecho de que nadie nos escriba me entristece.
아무도 우리에게 편지를 쓰지 않는다는 사실이 슬퍼.

2. A: El proyecto fracasó, ¿verdad?
프로젝트는 실패했어. 그렇지?

B: Sí, debemos tener presente el hecho de que somos los responsables.
응, 우리에게 책임이 있다는 사실을 기억해야 해.

『el hecho de que ~』구문을 사용할 때 학습자들이 가장 의아하게 생각하는 것은 해당 구문에 접속법 동사가 많이 사용된다는 사실이다. 실제로 일어난 사건이나 현재 존재하는 상황을 언급할 때 직설법 동사를 사용한다는 문법적 지식을 떠올리면 더더욱 이해하기 어려운 사안이다. 결론부터 이야기하자면 『el hecho de que ~』 구문에는 접속법 및 직설법 모두 사용이 가능하다. 다만 법의 종류에 따라 숨겨진 속뜻을 이해하는 것이 중요하다. 구체적으로, <대화 1>에서 B는 접속법 동사 escriba를 사용하여 『el hecho de que ~』구문을 만들었는데 이는 화자, 청자 모두 "아무도 우리에게 편지를 쓰지 않는다는 사실"을 이미 잘 알고 있음을 나타낸다. 즉, 접속법이 사용된 『el hecho de que ~』구문은 "이미 알고 있는(ya conocido) 사실"을 말할 때 사용한다. 다음의 대화문을 통해 이를 확인해 보자.

(1) A: ¡Qué raro que todavía no tenga trabajo! ¡Con el dinero que tienen sus padres!
그가 아직도 일자리를 구하지 못하고 있다니 정말 이상한 일이야! 그의 부모님이 가진 돈에도 불구하고 말이야!

B: Bueno, pero el hecho de que sus padres sean ricos no quiere decir que él encuentre trabajo ...
하지만 그의 부모님이 부자라는 사실은 그가 일자리 잡는 것과는 상관없는 것이야.

(GCE: 61)

대화의 내용으로 볼 때 "그의 부모가 부자라는 사실"은 화자와 청자 사이에 이미 알려진 사실이므로 접속법 동사 sean이 사용되었음을 알 수 있다.

이제 『el hecho de que ~』 구문에 직설법 동사가 사용된 경우를 살펴보자. <대화 2>에서 B는 직설법 동사 somos를 사용하여 『el hecho de que ~』구문을 만들었다. 이처럼 직설법 동사가 사용된 경우는 화자가 청자에게 새로운 사실을 알려줄 때(para dar una información nueva al oyente) 사용한다. 따라서 <대화 2>에서 B가 말한 문장은 "우리가 그것(실패)에 대해 책임이 있다는 사실을 명심해야해"라고 번역할 수 있다. 즉, 청자 A에게 '실패의 책임이 우리에게 있다는 사실(el hecho de que somos responsables de eso)'을 알려주고(dar una información nueva) 설명하는 문장이므로 직설법 동사 somos가 사용되었다. 문장 (2)에서 이를 확인해 보자.

(2) Conviene destacar el hecho de que algunos países no son revolucionarios.
몇몇 나라들이 혁신적이지 않다는 사실을 강조하는 것이 적절하다.
(Borrego 외 2인 1989: 108)

(2)에서 destacar(강조하다) 동사는 사실의 내용을 알린다는 의미가 강하므로 『el hecho de que ~』구문에 직설법 동사 son이 사용되었음을 알 수 있다. 지금까지의 설명을 요약하면 『el hecho de que ~』구문의 의미적 특성상 많은 경우 "이미 알려진 사실"을 표현하기 때문에 접속법 동사를 주로 사용한다. 그러나 <대화 2>나 문장 (2)에서처럼 어떤 사실을 청자에게 새롭게 알려 주는 의미로 사용할 때는 직설법 동사를 사용해야 한다.

접속법 동사가 '이미 알려진 사실'을 표현한다는 상기 설명은 『de ahí que ~』구문에도 적용될 수 있다. 『de ahí que ~』구문은 "따라서/그래서 ~인 거야"라는 의미로 사용되고 (3)에서 보듯 항상 접속법 동사를 동반한다.

(3) a. Es bondadosa; de ahí que todos la quieran.
그녀는 친절해; 그래서 모두가 그녀를 좋아하는 거야.

b. Hoy no tengo clase; de ahí que me haya levantado tarde.
오늘은 수업이 없어; 그래서 내가 늦게 일어난 거야.

(MEE: 172)

『de ahí que ~』구문은 결과적 의미를 표현하는 다른 접속사 así que, tan(to) ~ que , por eso, por lo tanto 등과는 두 가지 면에서 구별되어야 한다. 첫째, así que, tan(to) ~ que, por eso 등의 결과 접속 구문들이 직설법 동사를 요구하지만 『de ahí que ~』구문은 항상 접속법 동사를 동반한다. 둘째, 『de ahí que ~』구문은 의미적으로 "이미 알고 있는 사실"을 언급하지만 다른 결과 접속사들은 새로운 사실을 알려준다. (4)의 문장들을 통해 확인해 보자.

(4) a. El cine estaba vacío; de ahí que me saliera.
극장이 비어 있었어. 그래서 (너도 알다시피) 내가 나온 거야.
b. El cine estaba vacío, así que me salí.
극장이 비어 있었어. 그래서 난 나왔어.
c. El cine estaba vacío, por eso me salí.
극장이 비어 있었어. 그래서 난 나왔어.

(Borrego 외 2인 1989: 59-60)

(4a)는 (4b) 및 (4c)와 구별되는 의미적 차이점을 가지고 있다. 먼저 (4a)는 화자와 청자가 '내가 나갔다는 사실(el hecho de que me saliera)'을 이미 알고 있는 상태에서 발화한 문장이다. 따라서 "극장이 비어있었고 그래서 (너도 알다시피) 내가 나간거야"로 번역할 수 있다. 반면에 (4b)와 (4c)는 '내가 나갔다는 사실(el hecho de que me salí)'을 청자에게 결과로서 새롭게 알려주는 의미를 표현한다. 따라서 "극장이 비어있었고 그래서 내가 나갔어"로 번역할 수 있다. 이 같은 의미적 차이는 동사의 차이로 나타난다. 즉, (4a)의 '이미 알고 있는 사실'에 대해서는 새로운 설명이 필요 없기 때문에 접속법 동사를 사용했고 (4b)와 (4c)에서는 새롭게 알려 주는 내용이므로 직설법 동사를 사용한 것이다.

구 정보(información conocida)및 신 정보(información nueva)와 관련된 『el hecho de que ~』 구문의 위치적 특징

• 문두에서(al principio de la oración) : el hecho de que + 접속법

• 문두 이외의 곳(en otros casos) : el hecho de que + 접속법/직설법

a. El hecho de que haya aceptado no significa que le guste el trabajo.
그 일을 받아들였다는 사실이 그가 그 일을 좋아한다는 것을 의미하는 것은 아니다.

b. No debes creer que le gusta ese trabajo por el hecho de que lo ha/haya aceptado.
그가 그 일을 받아들였다는 사실 때문에 그가 그 일을 좋아한다고 생각해서는 안 된다.

(MEE: 143)

『tener la culpa de que ~』는 왜 접속법 동사와 함께 사용되나요?

주절의 동사뿐만 아니라 주절에 사용된 명사도 종속절에 접속법을 요구할 수 있다. '종속절의 내용이 이루어지도록 야기하다'라는 의미를 표현하는 명사가 주절에 사용되는 경우, 종속절에 접속법이 사용된다.

1. A: Quiero hablar con Marta.
   마르타와 이야기를 좀 하고 싶은데요.

   B: Déjala en paz, que está en cama.
   그녀를 좀 내버려둬. 지금 몸이 안 좋아서 누워있어.

   A: No tengo la culpa de que ella no esté bien.
   그녀가 몸이 안 좋은 게 제 잘못은 아니잖아요.

종속절 동사에 영향(influencia)을 주는 동사가 주절 동사로 사용되는 경우 종속절에는 일반적으로 접속법이 사용된다. 예를 들어, pedir(요구하다), rogar(청하다), suplicar(간청하다)와 같은 '요구, 주문'의 동사, permitir(허가하다), prohibir(금지하다)와 같이 '허가, 금지'의 동사, aconsejar(조언하다), recomendar(추천하다)와 같은 '조언, 추천'의 동사 등은 "(종속절 주어)가 ~할 것을 {요청/허락/금지/조언/추천}하다"라는 의미를 표현하여 종속절에 영향을 주는 동사로 분류된다. 이런 경우 종속절에는 접속법 동사가 사용된다.

(1) a. Jorge me pidió que me fuera.
호르헤는 내게 떠날 것을 요구했다.

b. Te ruego que no insistas.
네가 고집을 피우지 말 것을 부탁한다.

c. Ana le permite a su hijo que salga por la noche.
아나는 자기 아들에게 밤에 외출하는 것을 허락한다.

d. Ana nos aconsejó que fuéramos a ver esta película.
아나는 우리에게 이 영화를 보러 갈 것을 조언했다.

(GDLE: 2028-2278)

그런데 종속절에 영향을 주어 접속법을 요구하는 주절 요소는 동사뿐만 아니라 명사도 가능하다는 것에 주의하도록 하자. <대화 1>에서 사용된 『tener la culpa de ~』라는 표현은 "~에 대한 잘못이 있다"는 의미를 표현한다. 이는 "(de이하에 언급된) 일이 일어나도록 한 잘못을 (주어가) 가지고 있다"라는 의미로 이해할 수 있다. 결과적으로 명사 'culpa'는 종속절의 내용이 일어나도록 야기(causa)한 잘못이라는 의미를 담고 있기 때문에 연결되는 명사절 que 이하에는 'ella no esté bien'처럼 접속법 동사가 사용되어야 한다. 다음 (2)에서 보는 바와 같이 종속절에 직설법 estamos가 사용된 (2a)는 비문이며, 접속법 estemos가 사용된 (2b)는 정문이다.

(2) a.*Tiene la culpa de que ahora estamos en esta situación.

b. Tiene la culpa de que ahora estemos en esta situación.
우리가 지금 이런 상황에 처하게 만든 잘못은 그에게 있다.

(NGLE: 1881)

이와 같이 주절에 나타난 명사로 인해 종속절에 접속법을 사용해야 하는 경우로는 명사 'causa(원인), culpa(잘못), motivo(동기), origen(발단), razón(이유)' 등이 주절에 사용되어 종속절의 내용에 영향을 주는 의미를 표현하는 경우이다.

(3) a. Ese había sido el motivo de que se efectuara la boda a pocos meses de haberse conocido.
그것이 그들이 서로 안 지 얼마 안 돼서 결혼을 하게 된 동기였다.

b. El contacto de la piel con tierra o fango puede ser el origen de que aparezcan parásitos en nuestra piel.
흙이나 진흙과 피부가 접촉한 것이 우리의 피부에 기생충이 나타나게 된 원인일 수 있다.

(CREA)

(3a)에서 종속절에 se efectuara의 접속법이 사용된 것은 주절에 사용된 명사 'el motivo' 때문이다. 즉, 명사 motivo는 "de que이하에 언급된 일이 일어나는 동기가 되었다"라는 의미를 표현하기 때문에 종속절에는 접속법 se efectuara가 사용된다고 설명할 수 있다. (3b)에서는 종속절에 aparezcan의 접속법이 사용되었고 이는 주절에 사용된 명사 'el origen'이 "de que이하에 언급된 일이 일어나는데 원인/발단이 되다"라는 의미를 표현하기 때문이다.

이외에도 앞서 (1)에서 살펴본 종속절에 영향을 주는 동사의 명사형, 예를 들어, petición(요청), solicitud(청원), consejo(조언), recomendación(추천)

등이 주절에 사용되어 종속절에 영향을 주는 의미를 표현하는 경우 종속절에는 접속법이 사용된다.

(4) a. Mi consejo es que nunca, pero nunca jamás, salgas de compras con su marido.
나의 충고는 결코, 절대로, 그녀의 남편과 쇼핑을 가지 말라는 것이다.

b. Su petición es que se amplíe el número de personas que se dedican a este tema.
그의 요청은 이 주제에 전념할 사람들 수를 늘리라는 것이다.

(NGLE: 1880)

(4a)에서 사용된 표현 『mi consejo es que ~』는 다시 쓰면, 'Yo aconsejo que ~'로 표현할 수 있다. 따라서 "나는 ~할 것을 충고한다"는 의미로 명사 consejo를 사용하여 『mi consejo es que ~』로 표현한 것으로 종속절에는 역시 접속법 salgas가 사용되어야 한다. (4b)에서는 『su petición es que ~』의 표현이 사용되었고, 이는 '(Él) pide que ~'와 동일하게 "그는 ~할 것을 주문/요청한다"는 의미를 표현한다. 따라서 종속절에 se amplíe의 접속법 동사가 사용된다.

실제로 일어난 사건 및 행위를 표현할 때 어떻게 접속법과거(cantara) 시제를 사용할 수 있나요?

접속법과거 cantara는 문어체 문장에서 직설법 단순과거 canté나 과거완료 había cantado대신 사용될 수 있다. 이는 접속법과거 -ra형이 어원적으로 라틴어의 직설법 과거완료(cantavaram > cantara)에서 비롯되어 직설법적 특징을 갖고 있기 때문이다.

1. A: ¿Cuál es nuestro plan de futuro?
   우리의 미래 계획은 무엇입니까?

   B: Como dijera Fidel Castro aquel 3 de octubre de 1965, defenderemos, como hemos defendido hasta hoy, nuestras posiciones y nuestra línea.
   1965년 10월 3일 피델 카스트로가 말했듯이 우리는 지금까지 지켜왔던 것처럼 우리의 위치와 노선을 지킬 것입니다.

스페인어 문법 체계에는 직설법 또는 접속법을 올바르게 사용할 수 있도록 하는 여러 가지 기준이 존재한다. 대표적 기준 중의 하나는 '어떤 행위나 사건이 실제로 이루어졌는지 또는 그렇지 않은지'의 여부로 판단하여 전자의 경우는 직설법, 후자의 경우는 접속법을 사용한다. (1)의 문법성 차이는 이 같은 기준으로 설명할 수 있다.

(1) a. Desde que {has llegado/*hayas llegado}, me duele la cabeza.
네가 도착한 이후로 내가 머리가 아파.

b. Desde que {te conocí/*conociese}, vivo más feliz.
내가 너를 알게 된 이래로 더 행복하게 살고 있어.

(GDLE: 2925)

『Desde que ~』 구문이 "~한 이래로"라는 뜻을 갖고 있기 때문에 (1)에서 동사 llegar와 conocer는 의미적으로 이미 이루어진 행위나 사건을 나타내야 한다. 따라서 직설법 동사 has llegado와 conocí가 사용되어야 함을 설명할 수 있다.

그러나 <대화 1>의 Como dijera Fidel Castro aquel 3 de octubre de 1965 (1965년 그 10월 3일에 피델 카스트로가 말했듯이)라는 문장에서 알 수 있듯이 실제로 일어난 과거의 행위나 사건에 대해서 접속법과거 dijera를 사용하는 경우를 볼 수 있다. 구체적 예로서 (2)에서 접속법과거 동사 votáramos와 diera가 사용되었는데 모두 실제 일어난 과거의 사건을 의미한다. 따라서 이 경우 각각 직설법 과거완료 habíamos votado와 단순과거 dio를 사용하여 문장을 만들 수도 있다.

(2) a. El presidente no era la misma persona que nosotros votáramos en 1982.
대통령은 우리가 1982년에 표를 던졌던 사람과 같은 사람이 아니었다.

b. La noticia que diera ese diario no ha tenido confirmación oficial.
그 신문이 전했던 뉴스는 공식적으로 확인되지 않았다.

(Borrego 외 2인 1989: 18)

그러나 스페인어 학습자들에게 (2)에서 접속법과거 동사 votáramos와 diera가 어떻게 사용될 수 있는지를 설명하는 것은 쉽지 않은 일이다. (1)에서 직설법과 접속법을 구분했던 기준이 무너질 수 있기 때문이다. 그러나 접속법과거의 어원적(etimológico) 변화 과정을 이해하면 설명은 간단해진다. 주지하다시피 접속법과거는 -ra형과 -se형으로 나누어진다. 어원적으로 -ra형은 라틴어의 직설법 과거완료(cantavaram > cantara)에서 온 것이고 -se형은 라틴어 접속법 과거완료(catavissem > cantase)에서 비롯되었다. 이 같은 어원적 차이는 (3)에서 보듯 그 사용에 있어서 문법적 차이를 일으킨다.

(3) a. La viuda del que {fuera/*fuese} ministro de asuntos exteriores recibió ayer la condecoración de manos del presidente de la república.
전 외무부 장관의 미망인이 어제 공화국 대통령으로부터 훈장을 받았다.

b. Después de que {viniera/*viniese}, nos fuimos a tomar unas copas.
그가 도착한 후에 우리는 술 한 잔하기 위해 나갔다.

(GDLE: 3282-3283)

(3)에서 접속법과거 fuera와 viniera는 각각 직설법 과거 fue와 vino대신 사용되어 과거에 이루어진 행위나 상황을 표현하고 있다. 이처럼 직설법의 의미로 사용된 접속법과거의 경우 -ra형만 가능하고 -se형의 사용은 불가하다. 어원적으로 -se형은 직설법과 관계가 없기 때문이다. 주절에 접속법과거 동사가 나타나는 현상도 동일한 관점에서 설명할 수 있다.

(4) a. Quisiera/*Quisiese unos pantalones para mi marido.
남편을 위한 바지를 원합니다.

b. Debiera/*Debiese pedirte un favor.
당신께 부탁 하나 드려야 할 것 같아요.

(Borrego 외 2인 1989: 19)

주지하다시피 (4)와 같은 예의적 표현에 접속법과거 동사 Quisiera, Debiera 가 사용될 수 있다. 접속법 동사가 일반적으로 주절에 나타나지 않는다는 점에서 다소 예외적일 수 있는 구문이지만 전술한 접속법과거 -ra형의 직설법적 특성을 고려한다면 쉽게 설명될 수 있다. 즉, (4)에서 Quisiera와 Debiera는 각각 예의적 표현의 Quería/Querría와 Debía/Debería를 대신하여 직설법 용법으로 쓰인 것이고 이는 접속법에서 유래된 -se형 Quisiese와 Debiese가 사용될 수 없는 이유도 함께 설명해준다.

직설법 용법으로 사용된 접속법과거 -ra형은 문어체 스페인어, 특히 신문 언어(habla periodística)나 문학 작품 속에서 자주 볼 수 있다.

El equipo olímpico de este país se encuentra bajo protección policial, después de que recibiera una carta en la que se amenaza con "eliminar a los traidores"... (El País, 06/06/1980)
"배신자들을 제거하겠다"라고 협박하는 편지를 받은 뒤로 우리나라 올림픽 팀은 경찰의 보호 하에 있다...

No ha pasado ni un mes desde que anunciara su ruptura con el argentino Jorge Salati, con el que se casó en diciembre de 1994, ... (El Mundo, 31/03/1996)
(그녀가) 호르헤 살라티라는 아르헨티나 남자와의 결별을 발표한 이후로 한 달도 지나지 않았다. 그와는 1994년 12월에 결혼했으며 ...

독립절에서 사용되는 접속법을 어떻게 설명할 수 있나요?

가능성, 불확실성을 표현하는 tal vez, quizá, probablemente, posiblemente 등의 부사와 함께 접속법이 독립절에 나타나는 현상은 이들 부사가 실질적으로 주절 역할을 한다고 가정하면 쉽게 설명될 수 있다. 특히, 상기 부사들이 동사 앞에 오면 접속법/직설법이 모두 가능하지만 동사 뒤에 오면 직설법만 가능한 이유를 논리적으로 설명할 수 있다.

1. A: ¿Sabes dónde está Pedro?
   페드로가 어디에 있는지 아니?

   B: Tal vez esté en casa, no sé.
   아마 집에 있을 거야. 모르겠어.

2. A: Quizá me equivoque, pero creo que Juan puede hacer algo importante.
   아마 내가 틀릴 수도 있는데, 후안이 중요한 일을 할 수 있다고 생각해.

B: No lo creo. Una persona no cambia tanto.
나는 그렇게 생각 안 해. 사람은 많이 변하지 않아.

스페인어 접속법(modo subjuntivo) 시제는 일반적으로 종속절(oración subordinada)에 나타난다. 접속법이란 주절 동사의 성격(불확실, 의심, 희망, 명령, 감정 등)에 영향을 받아 종속절에 나타나는 서법(modo)이기 때문이다. 그러나 <대화 1, 2> 그리고 (1)에서처럼 접속법 동사가 독립절(oración independiente)에 사용된 경우를 어렵지 않게 볼 수 있다.

(1) a. Quizá haya venido/ha venido esta mañana.
아마 오늘 아침에 왔을 것이다.

b. Probablemente haya venido/ha venido esta mañana.
아마 오늘 아침에 왔을 것이다.

(SENP: 56)

tal vez/quizá(s)/probablemente/posiblemente(아마도)는 가능성(probabilidad), 불확실성(incertidumbre)을 표현하는 부사(구)들이다. (1)에서 보듯 이들 부사(구)가 동사 앞에 사용되면 동사는 접속법과 직설법 모두 사용이 가능하다. 접속법 haya venido가 사용되면 의미적으로 동사 venir의 실현 가능성이 낮음을 표현하고 직설법 ha venido를 사용하면 실현 가능성이 상대적으로 높음을 표현한다. 문제는 <대화 1, 2> 그리고 (1)에서처럼 독립절에서 접속법 동사가 나타나는 이유를 논리적으로 설명하기 어렵다는 것이다. 실제로 대부분의 기존 문법서에서 상기 문장들은 접속법이 독립절에 사용된 예외적 구문들로 단순 기술되어 있다. 그러나 상기 구문들은 단순 기술하기에는 다소 복잡한 특성들을 가지고 있다. 다음 문장을 살펴보자.

(2) a. Posiblemente no quiera/quiere decir que ya no trabaja ahí.
아마도 이제는 거기에서 일하지 않는다고 말하고 싶지 않은 것 같다.

b. No *quiera/quiere decir que ya no trabaja ahí, posiblemente.
이제는 거기에서 일하지 않는다고 말하고 싶어 하지 않는다. 아마도.

(GDLE: 756)

(2)의 두 문장은 부사 posiblemente가 동사 앞에 오는 경우와 동사 뒤에 오는 경우에 동사에 적용되는 서법(modo)의 종류가 다르다는 사실을 보여준다. 구체적으로, posiblemente가 동사 앞에 오는 (2a)의 경우는 접속법과 직설법 quiera/quiere 모두 가능하지만 동사 뒤에 오는 (2b)는 반드시 직설법 동사 quiere만 사용해야 한다. 부사의 위치에 따라 서법이 달라진다는 사실은 이들 부사가 문장 내에서 어떤 특별한 기능을 한다는 뜻이고, 여기서 특별한 기능이란 주절의 역할을 한다는 의미이다. 부사처럼 동사가 아닌 요소가 주절 기능을 한다는 설명은 스페인어에서 그다지 특별한 것은 아니다. 예를 들어, 바람(deseo)을 표현하는 감탄사 ojalá는 접속사 que와 함께 나타나 종속절에 접속법을 요구한다. 이 경우 접속사 que는 생략될 수도 있다.

(3) a. Ojalá que todo esto tenga un efecto.
부디 이 모든 것이 효과가 있기를.

b. Ojalá me permitan quedar entre ustedes.
부디 내가 당신들 사이에 있는 것을 허락하기를.

(CREA)

(3)에서 접속법 동사가 사용되는 이유는 ojalá (que) ~를 deseo que ~로 해석하기 때문이다. 즉, ojalá (que) ~가 (3)에서 바람을 나타내는 주절 동사 역할을 한다고 가정하면 접속법 동사 tenga, permitan이 사용되는 이유를 간단하게 설명할 수 있다. 동일한 논리를 (2)에도 적용할 수 있다. posiblemente

를 동사적으로 표현하면 no estoy seguro de que ~로 나타낼 수 있다. 이처럼 불확실성(incertidumbre)을 표현하는 부사 posiblemente가 주절 역할을 할 수 있기 때문에 (2a)에서 접속법 동사 quiera가 사용된다고 설명할 수 있으며, posiblemente가 문자 그대로 '아마도'라는 부사 역할을 하는 경우는 직설법 quiere가 사용되는 것이다. 한편 (2b)에서는 직설법 quiere만 가능하고 접속법 사용이 불가하다. 이는 부사 posiblemente가 문미에 위치함으로서 주절 동사 역할을 할 수 없기 때문이라고 설명할 수 있다.

결론적으로 동사 앞에 위치하는 부사 tal vez/quizá/probablemente/posiblemente가 주절 역할을 할 수 있다는 가설은 상기 모든 문장들을 잘 설명할 수 있을 뿐만 아니라 접속법은 기본적으로 종속절에 나타난다는 원칙도 유지시켜준다는 이점이 있다.

Tip!

불확실성(incertidumbre)을 표현하는 부사들 중에는 본문에서 언급한 부사들 외에도 a lo mejor(아마도)라는 부사구가 존재한다. 특이한 점은 a lo mejor로 이끌리는 문장의 동사는 직설법으로 나타나야 한다는 것이다(드물지만 라틴아메리카 스페인어에서 접속법이 나오는 경우도 있다고 보고됨).

(i) A lo mejor estaba/*estuviera equivocado.
아마도 착각했던 것 같다.

(GDLE: 758)

(i)에서 보듯 a lo mejor가 tal vez/quizá(s)/probablemente 등의 부사와는 달리 왜 직설법만을 요구하는지에 대한 논리적 설명은 아직까지 존재하지 않는다(cf. NGLE, GDLE, ENGLE, etc). 다만 본고의 주장에 근거하여 설명하자면 a lo mejor의 경우는 주절 역할을 할 수 없기 때문에 직설법이 온다고 설명할 수 있을 것이다. a lo mejor가 주절 역할을 할 수 없는 이유는 다른 부사들과는 달리 '전치사 + 관사 (명사) + 형용사'의 복합 구조를 형성하기 때문에 항상 부사구로만 사용된다는 설명이 가능하다.

『No creer/No decir que ~』구문에는 항상 접속법만 가능한가요?

no creer, no pensar, no decir, no mencionar처럼 일부 주절 동사들이 부정문이 된 경우 일반적으로 종속절에는 접속법을 사용한다. 그러나 화자가 종속절의 내용을 사실(real)로 인정하는 문장에서는 직설법을 사용할 수 있다.

1. A: Fue Ana quien se dio a la fuga tras chocar el vehículo estacionado. No estoy relacionado con el caso.
   주차된 차를 부딪치고 도망간 사람은 아나야. 나는 그 일과는 상관없어.

   B: Ya lo sé. Creo que eres inocente.
   알고 있어. 나는 네가 잘못이 없다고 생각해.

   A: Pero ella no piensa que lo que hizo está tan mal. Eso me enfada.
   그런데 그녀는 자기가 한 일이 그렇게 나쁘다고 생각하지 않아. 그게 나를 화나게 해.

정신적 행위(actividad mental)를 나타내는 creer(~라고 믿고 있다), pensar(생각하다), opinar(의견을 갖고 있다), suponer(가정하다), considerar(~라고 생각하다)와 같은 동사들, 그리고 보고 및 전달(comunicación)을 표현하는 decir(말하다), mencionar(언급하다), contar(이야기하다), narrar(말하다) 등의 동사들이 주절 동사로 사용되면 종속절에는 직설법 동사가 온다. 그리고 이들 동사가 부정문이 되는 경우는 종속절에 일반적으로 접속법 동사가 온다는 문법 규칙도 잘 알려져 있다. 그러나 <대화 1>의 두 번째 B에서 볼 수 있듯이 어떤 문맥에서는 이 규칙이 지켜지지 않는 경우가 있다. 더욱이 일부 동사들은 부정문이 된 경우 종속절에 거의 동등한 비율로 접속법 또는 직설법 동사가 나타나기도 한다. 이러한 현상을 이해하고 설명하는 데에 정확한 논리가 필요한 부분이다. 본 장에서는 상기 동사들이 부정문이 된 경우에도 어떻게 직설법 동사가 사용될 수 있고, 의미적으로는 어떤 특징을 가지고 있는지를 설명할 것이다. 우선 다음 문장들을 살펴보자.

(1) a. Creo que está loco.
나는 그가 정신이 나갔다고 생각한다.

a'. No creo que esté loco.
나는 그가 정신이 나갔다고 생각하지 않는다.

b. Dijo que estaba en casa.
그는 그녀가 집에 있었다고 말했다.

b'. No dijo que estuviera en casa.
그는 그녀가 집에 있었다고 말하지 않았다.

(MEE: 142)

앞서 언급했듯이 (1)은 일반적으로 알고 있는 규칙에 맞는 예문들이다. 주절 동사가 긍정일 때 직설법, 그리고 부정일 때 접속법 동사가 종속절에 나타난다. 그러나 화자의 의도에 따라 부정문을 형성한 경우에도 직설법을 사용하는 (2)와 같은 예문들도 상당수 존재한다.

(2) a. No cree que es inteligente.
그가 똑똑하다고 생각하지 않는다.

b. No dice que es inteligente.
그가 똑똑하다고 말하지 않는다.

(GDLE: 3222)

(2)의 예문들의 종속절에 직설법 동사가 어떻게 사용될 수 있는지를 설명하기 위해서 먼저 <대화 1>을 살펴보자. 대화 마지막 문장에서 B는 Ella no piensa que lo que hizo está tan mal(그녀는 자기가 한 일이 그렇게 나쁘다고 생각하지 않아)라고 말하면서 주절 동사가 부정형 no piensa임에도 불구하고 직설법 está를 사용하고 있다. 이 경우 직설법 está의 사용은 전적으로 화자인 B의 생각 및 태도와 관련되어 있다. 즉, 화자인 B는 대화의 내용상 A는 결백하고(Creo que eres inocente), Ana가 나쁜 일을 했다고 생각하고 있기 때문에 직설법을 사용한 것이다. 만약 화자 B의 생각이 중립적이라면 주절 주어 ella의 생각(no piensa)에 따라 접속법 esté를 사용하는 것이 올바른 문장이다.

이제 우리는 (2)의 예문으로 돌아가서 종속절에 직설법 동사 es가 사용된 이유를 설명할 수 있다. 여기서 가장 중요한 것은 화자와 문장의 주어가 일치하지 않는다는 점이다. 즉, 화자는 문장의 주어와는 달리 '누군가를 똑똑하다고(es inteligente)' 판단하고 있기 때문에 종속절에 직설법 동사 es를 사용한 것이다. 만약, 화자의 생각이 중립적이라면 (3)의 예문에서처럼 접속법 동사를 사용해야 한다.

(3) a. No cree que sea inteligente.
그가 똑똑하다고 생각하지 않는다.

b. No dice que sea inteligente.
그가 똑똑하다고 말하지 않는다.

(GDLE: 3222)

화자의 의도 및 생각에 따라 no creer, no decir 동사로 이끌리는 문장의 종속절에 직설법 또는 접속법이 사용될 수 있다는 설명은 (4)의 비문법성 또한 잘 설명해 준다.

(4) *No digo que es inteligente.
나는 그가 똑똑하다고 말하지 않는다.

(GDLE: 3223)

(4)에서 직설법 동사 es가 사용되면 안 되는 이유는 화자와 문장의 주어가 동일하기 때문이다. 즉, 문장의 주어가 1인칭인 경우 화자는 논리적으로 문장의 주어와 일치하게 되므로 종속절에는 (5)에서 보듯 항상 접속법 동사가 사용되어야 한다.

(5) a. No creo/creemos que haya que llegar a esta conclusión.
이런 결론에 도달해야만 한다고 생각하지 않는다.

b. No creo/decimos que sean perfectas todas las emisoras.
모든 방송국이 완벽하다고 생각하지 않는다/말하지 않는다.

(CREA)

『Sospechar que ~』구문에는 직설법과 접속법 중 무엇을 사용할까요?

sospechar동사는 que이하의 목적절에 직설법이 사용된다.

1. A: Juan sospecha que su padre envió a su hermana para vigilarlo.
   후안은 자기 아버지가 자신을 감시하기 위해 여동생을 보냈다고 생각한다.

   B: ¡Qué va! Su padre siempre dice que confía mucho en su hijo.
   천만에! 그의 아버지는 자기 아들을 무척 신뢰한다고 항상 말씀하셔.

주절 동사가 의구심(duda)을 표현할 때 (1)에서처럼 종속절에 접속법이 사용된다는 사실은 잘 알려진 문법 규칙이다.

(1) a. Dudo que venga hoy.
나는 그가 오늘 올지 의심하고 있다.

b. No creo que ella sea española.
나는 그녀가 스페인 사람이라고 생각하지 않는다.

그러나 의구심 동사와 관련하여 학습자들이 가장 많이 실수하는 것은 동사 sospechar의 경우다. sospechar의 사전적 정의는 타동사로 사용될 때 "어떤 사실을 추정을 통해서 생각 또는 가정한다(creer, suponer o imaginar una cosa por conjeturas)"라는 뜻을 갖고 있고 자동사일 때는 전치사 de와 함께 사용되어 "사물이나 사람에 대해 의심하다(desconfiar de algo o de alguien)"의 뜻을 갖는다.

(2) a. Sospecho que me engaña.
나는 그가 나를 속이고 있다고 생각한다.

b. Sospeché de tanta amabilidad.
나는 그런 많은 친절에 대해 의심했다.

(Diccionario de internet de RAE)

문제는 (2a)에서 보듯 sospechar 동사의 목적절에는 기본적으로 직설법 동사가 사용됨에도 불구하고 많은 학습자들이 접속법 동사가 사용된다고 오해한다는 데에 있다. 이와 같은 오해는 학습자들이 sospechar의 자동사 의미인 "의심하다(desconfiar, dudar)"의 뜻으로 (2a) 문장을 생각하기 때문이다. 즉, (2a)를 Dudo que me engañe 문장과 유사한 의미를 가진다고 오해하기 때문에 나타나는 오류다. 앞서 설명했듯이 타동사 sospechar의 사전적 의미는 "어떤 사실을 추정을 통해서 생각한다(creer una cosa por conjeturas)"라는 뜻을 갖고 있다. 간단히 말하자면, 타동사 sospechar는 creer, suponer 동사와 비슷한 의미로 사용되고, 따라서 종속절에는 기본적으로 직설법이 사용된다고 설명할 수 있다. 한편, dudar(의심하다)와 같은 의미로 사용된 경우는 자동사 sospechar이고 (2b)에서처럼 전치사 de와 함께 사용된다. 이는 목적절을 취하는 타동사의 경우와는 구분되는 것이며 혼동하지 말아야 할 사항이다.

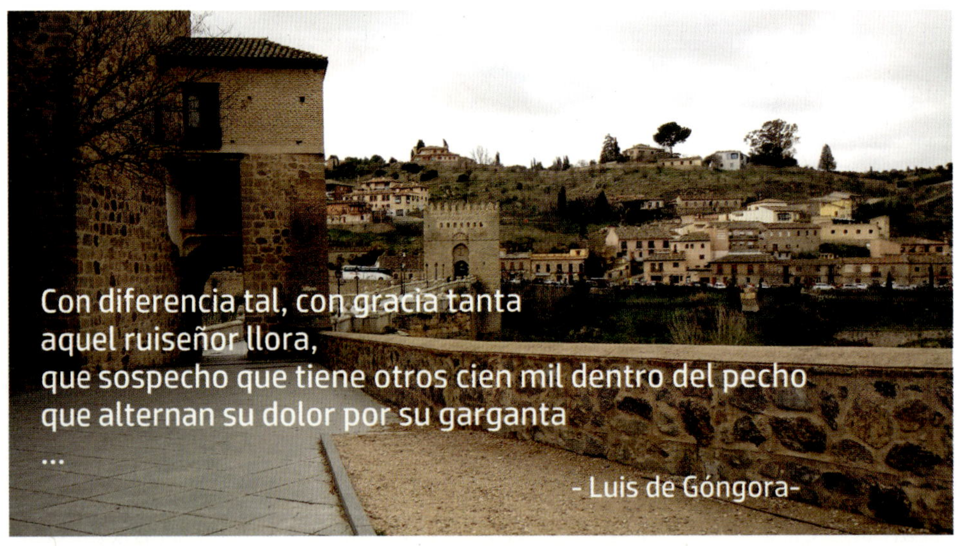

가정법과거(Si tuviera dinero, lo compraría) 구문은 현재 사실의 반대만을 의미할까요?

가정법과거 구문 『Si + 접속법과거(cantara/-se) + 가정미래(cantaría)』은 ① 현재 사실의 반대(lo contrario del hecho del presente) 및 불가능성(imposibilidad)을 표현할 뿐만 아니라 ② 조건절의 가능성(probabilidad)도 표현할 수 있다. 전자의 경우 조건절의 의미는 현재(presente)와 관련되어 있고 후자의 경우는 조건절의 내용이 미래(futuro)와 관련된다.

1. A: Juan ha vuelto a faltar a la reunión. Ya estoy hasta las narices de su manera de trabajar.
후안이 회의에 또 빠졌어. 이제는 그의 일하는 방식에 진저리가나.

B: Si yo estuviera en tu lugar, no trabajaría más con él.
만약 내가 너의 입장이라면, 나는 더 이상 그와 일하지 않을 거야.

2. A: ¿Contra qué equipo jugamos la próxima semana?
우리 다음 주에 어떤 팀과 경기하지?

B: Contra el Real Madrid. Es un equipo muy fuerte.
레알 마드리드하고. 매우 강한 팀이야.

Si ganáramos el próximo partido, podríamos pasar a la final. (GDLE: 3661)
만약 우리가 다음 경기에 이긴다면, 우리는 결승전으로 갈 수 있을 거야.

스페인어의 가정법과거 구문은 『Si + 접속법과거(cantara/-se), ... 가정미래(cantaría)』로 구성되고 그 의미는 <대화 1>과 (1)에서 보듯 현재사실의 반대(lo contrario del hecho del presente) 또는 불가능성(imposibilidad)을 표현하는 것으로 알려져 있다.

(1) a. Si yo fuera él, no actuaría así.
내가 그라면 나는 그렇게 행동하지는 않을 텐데.

b. Si yo volviese a nacer, pues yo sería naturalista.
내가 다시 태어난다면 자연주의자가 될 텐데.

(GDLE: 3661, 3671)

그러나 많은 학습자들이 간과하고 있는 것은 가정법과거 문장이 항상 현재사실의 반대나 불가능성만을 표현하는 것은 아니라는 사실이다. 예를 들어, <대화 2>에서 B는 가정법과거 구문 'Si ganáramos el próximo partido, podríamos pasar a la final'을 사용함으로서 "다음 경기에서 이기면 결승에 진출할 수 있다"는 가능성을 표현하고 있다. 물론 화자 B는 Real Madrid라는 강팀을 상대하기 때문에 자신의 팀이 승리하는 가능성에 대해 다소 회의적인 입장을 표현하기 위해 가정법과거 문장을 사용하고 있음을 알 수 있다. 여기서 중요한 점은 이 문장이 가정법과거 구문의 형식을 취하여 현재사실의 반대나 불가능성을 표현하는 것이 아니라 비록 약하긴 하지만 분명히 실현 가능성을 언급하고 있다는 사실이다. 가정법과거 문장이 표현하는 실현 가능성이 구체적으로 어떤 의미를 갖는지 다음 두 문장의 의미 차이를 통해 알아보자.

(2) a. Si Isabel encuentra un juguete barato, se lo comprará.
이사벨은 싼 장난감을 발견한다면 그것을 사 버릴 것이다.

b. Si Isabel encontrara un juguete barato, se lo compraría.
이사벨은 싼 장난감을 발견한다면 그것을 사 버릴 것이다.

(Borrego 외 2인 1989: 159)

(2)에서 화자는 'Isabel이 싼 장난감을 발견할(encontrar un juguete barato) 가능성'에 대해 다르게 표현하고 있다. 가정법과거 구문 (2b)는 단순 가정문 (2a)보다 실현 가능성이 더 낮음을 표현한다. 즉, (2b)는 실현 가능성이 없거나 불가능함을 표현하는 것이 아니라 (2a)보다 상대적으로 실현 가능성이 낮음을 표현한다. 문장 (3)도 낮은 실현 가능성을 표현한다.

(3) a. Si coleccionara sellos, se divertiría muchísimo.
우표를 수집한다면 매우 즐거울 것이다.

b. Si aprobáramos el próximo examen, podríamos acceder a esa plaza.
우리가 다음 시험에 합격한다면 그 자리에 들어갈 수 있을 것이다.

(Borrego 외 2인 1989: 60; GDLE: 3660)

지금까지 우리는 가정법과거 문장이 현재사실의 반대나 불가능성뿐만 아니라 낮은 실현 가능성도 표현할 수 있다는 사실을 살펴보았다. 그렇다면 우리는 이를 어떻게 구분할 수 있는가? 이에 대해 GDLE(1999: 3660)는 (2b)와 (3)처럼 낮은 실현 가능성을 표현하는 경우 조건절(prótasis)의 의미는 미래(futuro)와 관련성을 갖고, (1)처럼 불가능성을 표현하는 경우는 조건절이 현재(presente), 즉 말하는 시점과 관련을 갖는다고 설명한다. 구체적으로 설명하면, (1a)의 Si yo fuera él라는 조건절이 불가능성을 표현하는 것은 '나는 그가 아니라는 현재의 사실(yo no soy él)'을 통해 알 수 있고, (1b)의 Si yo volviese a nacer는 '내가 다시 태어날 수 없다는 현재의 사실(yo no puedo nacer de nuevo)'을 통해 확인된다. 반면에 (2b)와 (3)과 같은 문장들은 조건절의 내용이 미래와 관련되어 있기 때문에 낮은 가능성을 표현할 수 있는 것이다. 이 같은 설명을 적용할 때 (4)와 (5)의 예문들도 각각 불가능성과 낮은 가능성을 표현하고 있음을 알 수 있다.

(4) a. Si yo fuera el ministro de comercio, prohibiría las importaciones.
내가 통상부 장관이라면 수입을 금지할 텐데.

b. Si estuviéramos ahora en una pista de esquí, nos estaríamos divirtiendo muchísimo.
우리가 지금 스키장에 있다면 정말 즐기고 있을 텐데.

(Borrego 외 2인 1989: 63; GDLE: 3658)

(5) a. Si me pidiera que ocupara ese cargo, aceptaría.
네게 그 임무를 맡으라고 부탁한다면 받아들일 것이다.

b. Si tuviéramos suficiente dinero el próximo verano, podríamos ir de vacaciones a Filipinas.
우리가 돌아오는 여름에 충분한 돈을 갖게 된다면 필리핀으로 휴가를 갈 수 있을 것이다.

(GDLE: 3660, 3658)

(4a)는 '현재 내가 장관이 아니라는 사실'을 통해서, (4b)는 '현재 우리가 스키장에 있지 않는다는 사실'을 통해서 각각 현재 사실의 반대를 표현한다. (5)의 조건절은 내용상 모두 미래와 관련되어 있고 따라서 비록 가능성이 낮긴 하지만 실현 가능성을 표현하고 있음을 알 수 있다. 그러나 이 같은 설명

에도 불구하고 문장 자체만으로는 그 의미를 정확히 구분할 수 없는 경우가 빈번하므로 문맥과 대화의 정황을 통해 그 의미를 파악해야 한다.

가정법과거 구문은 『Si + 접속법과거(cantara/-se) + 가정미래(cantaría)』로 구성되는 것이 가장 일반적인 경우이지만, (6)에서처럼 귀결절(apódosis)에 가정미래 cantaría대신 불완료과거 cantaba가 사용될 수도 있다.

(6) a. Si tú quisieras, iba (=iría) a la fiesta.
만약 네가 원한다면, 파티에 갈 텐데.

b. Si intentara cantar de nuevo, no me dejaban (=dejarían).
만일 제가 다시 노래하고자 한다면, 그렇게 하도록 두지 않을 겁니다.

(Garcés 1994: 117; Borrego 외 2인 1989: 161)

(6)에서 보듯 가정법과거 문장의 귀결절에 불완료과거 동사 iba와 dejaban이 사용될 수 있다. 이 같은 현상은 주로 구어체 문장에서 볼 수 있으며, 화자는 의미적으로 행위에 대한 실현 가능성을 높이는 효과를 얻을 수 있다.

가정법과거 구문은 (7)처럼 예의적 표현으로도 사용될 수 있다.

(7) a. Si Ud. pudiera entregarme un ejemplar, yo le quedaría muy reconocido.
제게 한 부 주신다면, 정말 감사드리겠습니다.

b. Si tuviese que definir mi mérito, solo podría hacerlo indicando que ha sido el de todo un equipo.
만약 저의 가치에 대해 말씀드려야 한다면, 그것은 (제가 아니라) 팀의 가치라는 점을 말씀드릴 수 있을 것 같습니다.

(GDLE: 3668)

(7)의 조건절(prótasis) Si Ud. pudiera entregarme un ejemplar와 Si tuviese que definir mi mérito은 예의적 표현으로 사용되었기 때문에 현재

사실의 반대, 불가능성, 낮은 실현 가능성 등의 의미와는 관계가 없음을 알 수 있다.

Tip!

제한적이긴 하지만 가정법과거 문장의 귀결절(apódosis)에 접속법과거(cantara)를 사용하는 경우도 있다. 이 경우 -se형은 불가하고 반드시 -ra형만을 사용하되 그 사용은 querer, deber, poder, valer와 같은 일부 동사로 한정된다.

(i) a. Si me lo permitiera, quisiera salir.
허락하신다면 외출하고 싶습니다.

b. Si la carretera estuviese buena, debieras llegar en dos horas.
도로 상태가 좋다면 네가 두 시간 내에 도착할 텐데.

(Borrego 외 2인 1989: 161, 19)

이 현상은 주로 중미(Centroamérica) 지역 및 카리브해 지역 인근 국가들에서 볼 수 있는 것으로 이들 지역에서는 (ii)에서 보듯 상기 동사들뿐만 아니라 다른 동사들도 귀결절에 접속법과거 형태로 사용할 수 있다.

(ii) a. Saliera contigo si tuviera carro.
내가 차가 있다면 너와 데이트를 할 텐데.

b. Yo me comprara esa casa si tuviera dinero.
내가 돈이 있다면 그 집을 사 버릴 텐데.

(NGLE: 3578)

가정법 과거완료(Si hubiera tenido dinero, lo habría comprado) 구문의 특징은 무엇인가요?

가정법 과거완료 구문『Si + 접속법과거완료(hubiera/-se cantado) + 가정미래완료(habría cantado)』은 ① 과거 사실의 반대(lo contrario del hecho del pasado), ② 실현되지 않은 과거 행위나 상황(irrealidad)을 표현한다. 귀결절에 가정미래완료 대신 접속법과거완료가 사용되어『Si + 접속법과거완료(hubiera/-se cantado) + 접속법과거완료(hubiera cantado)』구문을 형성할 수도 있다. 이 경우 귀결절에 접속법과거완료는 -ra형만 사용이 가능하다.

1. A: ¡Uf, hay mucho tráfico ahora! Y quedan solo quince minutos para empezar el concierto. Creo que llegaremos tarde.
이런, 지금 차가 너무 많네! 콘서트 시작까지 15분밖에 안 남았는데. 우리 늦게 도착할 것 같아.

   B: Por eso te dije que saliéramos pronto. Si hubiéramos salido antes, habríamos llegado ya.
그래서 빨리 나가자고 말했잖아. 미리 나왔었더라면 이미 도착했었을 텐데.

2. A: Siento mucho no poder acompañarte en el viaje. ¿Qué tal en Perú?
여행에 너랑 같이 못 가서 너무 미안해. 페루에서 어땠어?

B: Maravilloso. Si hubieses venido con nosotros, hubieras visto varios paisajes impresionantes.
정말 멋있었어. 네가 우리와 함께 갔었더라면, 인상적인 여러 경관들을 봤었을 텐데.

스페인어의 가정법과거완료 구문은 기본적으로 『Si + 접속법과거완료(hubiera(-se) cantado), ... 가정미래완료(habría cantado)』로 구성되고 그 의미는 <대화 1, 2>와 (1)에서 보듯 과거사실의 반대(lo contrario del hecho del pasado) 또는 과거의 비실현성(irrealidad)을 표현한다.

(1) a. Si hubiese tenido tiempo, habría ido a visitarlos.
시간이 있었더라면 그들을 방문했었을 텐데.

b. Si se lo hubieran explicado, lo habría entendido.
그들이 그에게 그것을 설명했었더라면, 그는 그것을 이해했었을 텐데.

(NGLE: 3571, 3573)

따라서 (1a)는 'Como no tuve tiempo, no fui a visitarlos(시간이 없어서 그들을 방문하러 가지 않았다)'라는 의미를 가지며, (1b)는 'Como no se lo explicaron, no lo entendió(그에게 설명을 해주지 않아서 그는 그것을 이해하지 못했다)'라는 뜻을 표현한다. 그리고 가정법과거완료 구문은 (2)에서 보듯 조건절(prótasis)과 귀결절(apódosis)에 모두 접속법과거완료 hubiera cantado가 올 수도 있다.

(2) a. Si no hubiera sido por la salud, hubiera seguido adelante.
건강 때문이 아니었더라면 앞으로 나아갔었을 텐데.

b. Si hubiéramos empezado antes ..., hubiéramos llegado ya.
우리가 미리 시작했었더라면 ..., 우리는 이미 도착했었을 텐데.

(GDLE: 3671)

(2)의 문장들이 (1)과 다른 점은 귀결절(apódosis)에 가정미래완료 habría cantado 대신 접속법과거완료 hubiera cantado를 사용한 것이다. 그러나 (2)는 (1)과 마찬가지로 의미적으로는 과거 사실의 반대 및 실현되지 않은 행위 또는 상태를 표현한다. 주의할 점은 <대화 2>와 (2)에서 볼 수 있듯이 조건절의 접속법과거완료는 -ra형과 -se형 모두 사용이 가능하지만, 귀결절에 접속법과거완료를 사용할 경우는 -se형은 불가하고 반드시 -ra형을 사용해야 한다는 것이다.[16]

한편, 가정법 구문은 (3)에서 보듯 조건절은 가정법과거완료 구문을 취하고 귀결절은 가정법과거 구문의 형태를 취함으로서 이른바 혼합 가정법 구문을 형성하기도 한다.

(3) a. Si hubieras leído el libro, podrías contestar a mi pregunta.
네가 그 책을 읽었었더라면 (지금) 내 질문에 답할 수 있을 텐데.

b. Si hubiese escuchado a mi hermano, a estas horas estaría en Hollywood.
내 동생 말을 들었었더라면 이 시간에 나는 할리우드에 있을 텐데.

(Borrego 외 2인 1989: 162; GDLE: 3672)

16) 귀결절에 접속법과거완료 -ra형만 사용이 가능한 이유는 Ítem 45에서 설명했듯이 어원적으로 -ra형은 라틴어의 직설법 과거완료(cantavaram > cantara)에서 온 것이고 -se형은 라틴어 접속법 과거완료(catavissem > cantase)에서 비롯된 사실과 연관되어 있다. 즉, 직설법적 특성을 가지고 있는 -ra형은 귀결절, 즉 주절에 사용될 수 있지만 라틴어 시절부터 접속법인 -se형은 주절에 사용하는 것이 불가하다.

(3)구문의 특징은 조건절에서는 과거 사실의 반대를 가정하고 귀결절에서는 현재사실의 반대를 언급한다. 따라서 (3a)는 'Como no leíste el libro, no puedes contestar a mi pregunta(네가 그 책을 읽지 않았기 때문에 (지금) 내 질문에 대답을 못 하고 있는거야)'라는 뜻을 갖고 있고, (3b)는 'Como no escuché a mi hermano, a estas horas no estoy en Hollywood(내 동생의 말을 듣지 않았기 때문에 지금 난 할리우드에 있지 않다)'라는 의미를 표현한다.[17)]

마지막 특징으로 가정법과거완료 구문은 귀결절에 가정미래완료(cf. (1)) 또는 접속법과거완료(cf. (2))를 대신하여 직설법 과거완료 había cantado를 사용할 수도 있다.

(4) a. Si hubiera estado yo allí, me habían oído(=habrían/hubieran oído).
내가 거기 있었더라면 그들이 내 말을 들었을 텐데.

b. Si me lo hubieras pedido, te había prestado(=habría/hubiera prestado).
네가 내게 그것을 부탁했었더라면 너에게 빌려주었을 텐데.

(Borrego 외 2인 1989: 161; Garcés 1994: 118)

(4)의 문장들은 귀결절에 직설법 과거완료를 사용하였고 의미적으로는 (1), (2)의 문장들처럼 과거에 이루지 못한 행위나 상황을 표현한다. 이 현상은 주로 비형식적인 구어체(la lengua oral informal)에서 나타난다. 지금

17) i)에서 보듯 조건절에 가정법과거 구문이 오고 귀결절에 가정법과거완료 구문이 결합된 혼합 가정문은 의미적으로 불가하다.

i) *Si leyeras el libro, hubieras contestado a mi pregunta.
네가 그 책을 읽는다면 내 질문에 답을 했었을 텐데.

왜냐하면 i)은 "지금 그 책을 읽는다면 (과거에) 내 질문에 대답했을 텐데"라고 해석될 수 있는데 이는 논리적으로 허용될 수 없는 의미 구조가 되기 때문이다.

까지 설명한 내용을 요약하면 가정법과거완료 구문은 ① 조건절에 접속법 과거완료 hubiera(-se) cantado가 나타나고, ② 귀결절에는 가정미래완료 habría cantado/ 접속법과거완료 hubiera cantado/ 직설법 과거완료 había cantado가 모두 올 수 있다.

Tip!

가정법 과거완료 문장은 조건절(prótasis)없이 독립적으로 사용되어 과거에 이루지 못한 행위나 상황을 표현할 수 있다. 동사는 귀결절에 사용하는 가정미래완료형이나 접속법과거완료 시제를 사용한다.

(i) a. Te habría llamado, pero no tenía tu teléfono.
너에게 전화를 했었을 텐데. 하지만 네 전화번호가 없었어.

b. Mi madre habría venido a cenar, pero no la avisamos.
어머니께서 저녁식사에 오셨을 텐데. 하지만 우리는 어머니를 부르지 않았다.

(MEE: 56)

(ii) a. Hubiera sido mejor quedarse en casa (pero no nos quedamos).
집에 머무르는 것이 더 좋았었을 텐데 (그러나 우리는 집에 머무르지 않았다).

b. ¡Hombre! A mí me hubiera gustado ir (pero no pude moverme de casa).
이 친구야! 내가 갔으면 좋았을 텐데 (그러나 나는 집에서 나갈 수가 없었다).

(Borrego 외 2인 1989: 20)

Bibliografía y Abreviaturas

유은정(2019), 「스페인어 250 문항분석」, HUINE.

Aguirre, C.(2013), *Manual de Morfología*, Barcelona: Castalia.

Alonso, R., Castañeda, A., Martínez, P., Miquel, L. & Ortega, J.(2005), *Gramática Básica del Estudiante de Español*, Difusión.

Borrego, J., Asencio, J. G. & Prieto, E.(1989), *El Subjuntivo*, Sociedad General Española de Librería.

Bosque, I.(1980), *Sobre la negación*, Madrid: Ediciones Cátedra.

Bosque, I.(2001), "Adjective position and the interpretation of indefinites", in J. Gutiérrez-Rexach & L. Silva-Villar(eds.), *Current Issues in Spanish Syntax and Semantics*, 17-37, Berlin: Mouton de Gruyter.

Bosque, I. & Demonte, V.(eds.)(1999), *Gramática Descriptiva de la Lengua Española*, Espasa Calpe.

Centellas Rodrigo, A. & Millares Martín, S.(1993), *Método de Español para Extranjeros: Nivel intermedio*, Edinumen.

Demonte V.(2008), "Meaning-form correlations and adjective position in Spanish", in L. McNally & C. Kennedy(eds.), *Adjectives and Adverbs: Syntax, Semantics and Discourse*, 71-100, New York: Oxford University

Press.

Fernández Leborans, M.(1995), "Sobre construcciones absolutas", *Revista Española de Lingüística*, 25(2), 365-395.

Fernández Lagunilla, M. & Anula Rebollo, A.(1995), *Sintaxis y cognición*, Madrid: Síntesis.

Garcés, M.(1994), *La oración compuesta en español. Estructuras y nexos*, Madrid: Editorial Verbum.

García Santos, J. F.(1993), *Sintaxis del Español Nivel de Perfeccionamiento*, Santillana.

Gili Gaya, S.(1980), *Curso superior de sintaxis española*, Barcelona: Vox.

Marsa, F., Bosch Carbonell, M. A. & Pardo López, J.(1982), *Diccionario planeta de la lengua española usual*, Planeta.

Matte Bon, F.(2009), *Gramática Comunicativa del Español*, Tomo I, Edelsa.

Müller, H.(2001), "The Spanish modal auxiliaries", in Müller, H.(ed.), *Reflections on modality, Copenhagen studies in language 26*, 39-66.

Raso, V.(2009), *Gramática Comunicativa del Español*, Tomo II, Edelsa.

Real Academia Española(1973), *Esbozo de una Nueva Gramática de la Lengua Española*, Espasa Calpe.

Real Academia Española(2005), *Diccionario Panhispánico de Dudas*, Santillana.

Real Academia Española(2009), *Nueva Gramática de la Lengua Española*, Espasa Calpe.

Real Academia Española(2010), *Nueva Gramática de la Lengua Española (Manual)*, Espasa Calpe.

Real Academia Española(2010), *Ortografía de la Lengua Española*, Planeta.

Real Academia Española: Banco de datos (CREA) [en línea]. Corpus de referencia del español actual. <http://www.rae.es> [Fecha de la consulta: julio de 2018 ~ abril de 2020]

Ruiz Martínez, A. M., Martí Sánchez, M. & Penadés Martínez, I.(2008),

Gramática Española por Niveles, Editorial Edinumen.
Sánchez Pérez, A.(2001), *Gran Diccionario de uso del Español Actual*, SGEL.

<신문 기사 타이틀>

Ítem 6, 10, 16, 34: https://elpais.com/hemeroteca/elpais/portadas
Ítem 1, 22: https://www.razon.com.mx/version-impresa
Ítem 25, 32, 36: http://edicionimpresa.lanacion.com.ar

<약자>

CREA: Corpus de Referencia del Español Actual
DPD: Diccionario Panhispánico de Dudas(2005)
DPU: Diccionario Planeta de la lengua española Usual(1982)
ENGLE: Esbozo de una Nueva Gramática de la Lengua Española(1973)
GBEE: Gramática Básica del Estudiante de Español(2005)
GCE I: Gramática Comunicativa del Español [Tomo I](2009)
GCE II: Gramática Comunicativa del Español [Tomo II](2009)
GEN: Gramática Española por Niveles(2008)
GDEA: Gran Diccionario de uso del Español Actual(2001)
GDLE: Gramática Descriptiva de la Lengua Española(1999)
MEE: Método de Español para Extranjeros: nivel intermedio(1993)
NGLE: Nueva Gramática de la Lengua Española(2009)
NGLEM: Nueva Gramática de la Lengua Española (Manual)(2010)
OLE: Ortografía de la Lengua Española(2010)
SENP: Sintaxis del Español Nivel de Perfeccionamiento(1993)

주제별 색인

주제별	Ítem
제한적 관계절	7, 42
관사	
부정관사	1, 3, 24
정관사	1, 3
중성관사	41
구어체	12, 14, 49, 50
구 정보(información conocida)	43
귀결절	49, 50
긍정어	20
독립절	46
동사	
gustar류 동사	33
동사원형	42
비대격동사	32
수여동사	35
자동사	32, 33
존재의 동사	24, 29
파생동사	13
명사(구)	
가산명사	1, 2
고유명사	3
동사파생명사	6, 32
무관사명사	32
물질명사	1
불가산명사	1, 2
수량명사	16
신체부위명사	28
일반명사	3
지명명사	5
목적격대명사	25
간접목적격대명사	28, 33, 35
직접목적격대명사	35
목적격 표시자 a	7, 29

단어별 색인

전문가를 위한
스페인어 문법
50개의 항목으로 설명하는 문법

초판 인쇄	2020년 7월 3일
초판 발행	2020년 7월 10일
지은이	김준한, 유은정
발행인	김인철
총괄 · 기획	윤성우 Director, University Knowledge Press
편집장	신선호 Executive Knowledge Contents Creator
전자책 · 도서편집	장혜린 Contents Creator
도서편집	이병철 Contents Creator
	이근영 Contents Creator
재무관리	하누리 Managing Creator
발행처	한국외국어대학교 지식출판콘텐츠원 02450 서울특별시 동대문구 이문로 107 전화 02)2173-2493~7 팩스 02)2173-3363 홈페이지 http://press.hufs.ac.kr 전자우편 press@hufs.ac.kr 출판등록 제6-6호(1969. 4. 30)
디자인 · 편집	(주)이환디앤비 02)2254-4301
인쇄 · 제본	(주)케이프린텍 053)313-3673

ISBN 979-11-5901-787-2 10770 정가 24,000원

*잘못된 책은 교환하여 드립니다.

HU:NE은 한국외국어대학교 지식출판콘텐츠원의 어학도서, 사회과학도서, 지역학 도서 Sub Brand이다. 한국외대의 영문명인 HUFS, 현명한 국제전문가 양성(International +Intelligent)의 의미를 담고 있으며, 휴인(携引)의 뜻인 '이끌다, 끌고 나가다'라는 의미처럼 출판계를 이끄는 리더로서, 혁신의 이미지를 담고 있다.